EN VACANCES AVEC

PARIS MATCH

92, avenue de France
75013 Paris
www.plon.fr ; www.lisez.com

Dépôt légal : Mai 2023
ISBN : 978-2-259-31577-7

EN VACANCES AVEC

PARIS MATCH

LABOR OMNIA VINCIT IMPROBUS

PLON

Les ANAGRAMMES

Les films à suspense ont fait la renommée d'Alfred Hitchcock. Grâce à leurs intrigues haletantes, plusieurs d'entre eux sont désormais considérés comme des chefs-d'œuvre du cinéma.

Retrouvez les noms de ces quatre films culte d'Alfred Hitchcock en remettant les lettres dans le bon ordre.

1. AL ORMT UXA SRUSESTO

....

2. ELS AOXSUIE

....

3. RUUSSE DSFOREI

....

4. RNEEFET RUS RCOU

....

RÉBUS hitchcockien

Retrouvez le film d'Alfred Hitchcock qui se cache derrière ce rébus.

Réponse : ....

....

PUZZLE académique

Alfred Hitchcock était connu pour ses personnages iconiques. Cela n'aurait pas été possible sans l'aide de ses muses. Ces actrices l'ont aidé à créer des personnages célèbres et ont contribué à sa réputation de maître du suspense. Sans elles, ses films n'auraient pas été les mêmes.

Retrouvez le nom des muses d'Alfred Hitchcock. Avec les syllabes restantes, découvrez celle de Dolce & Gabbana.

VE	CE	LEI	REN
JAN	IA	MIL	MAN
ING	PI	KEL	GH
GRA	RA	LOR	EN
SOPH	RID	HED	LY
TIP	ET	BERG	ES

Les muses d'Alfred Hitchcock :

....

....

....

....

....

Celle de Dolce & Gabbana : ....

Le **SAVIEZ-VOUS ?**

Hitchcock et les caméos

Le maître du suspense, Alfred Hitchock, avait pour habitude de faire de brèves apparitions dans ses films. Lorsqu'une personnalité connue fait un passage éclair dans un film, on appelle cela un « caméo ». Ce trait caractéristique était la marque du réalisateur britannique. Son premier caméo date de 1926. Dans son troisième film, *Les Cheveux d'or*, il décide de passer devant la caméra car il manque de figurants.

Au total, Hitchcock a fait 37 apparitions dans ses films. Cependant, il a déclaré dans un entretien avec François Truffaut : « Mais à présent [dès 1962] c'est un gag assez encombrant, et pour permettre aux gens de regarder le film tranquillement, je prends soin de me montrer ostensiblement dans les cinq premières minutes du film. »

Les 10 **DIFFÉRENCES**

Le 20 juillet 1969, les astronautes de la mission Apollo 11, Neil Armstrong et Buzz Aldrin, sont les premiers hommes à poser le pied sur la Lune. Il s'agit d'un moment historique pour l'humanité et pour l'exploration spatiale. Saurez-vous retrouver les 10 différences qui se sont glissées entre le cliché original, en haut, et celui du bas ?

Salutations **À L'UNIVERS**

La plaque gravée de *Pioneer* a été envoyée dans l'espace en 1972 par la NASA. Elle donne des informations sur l'origine de la Terre et de l'humanité. En 1977, lors de la suite de la mission, un disque a été expédié contenant des enregistrements du mot « Bonjour » en plusieurs langues. Il s'agit d'une sorte de « bouteille à la mer interstellaire », conçue pour être découverte par d'éventuelles formes de vie extraterrestres. Saurez-vous associer chaque formule de politesse à son pays ?

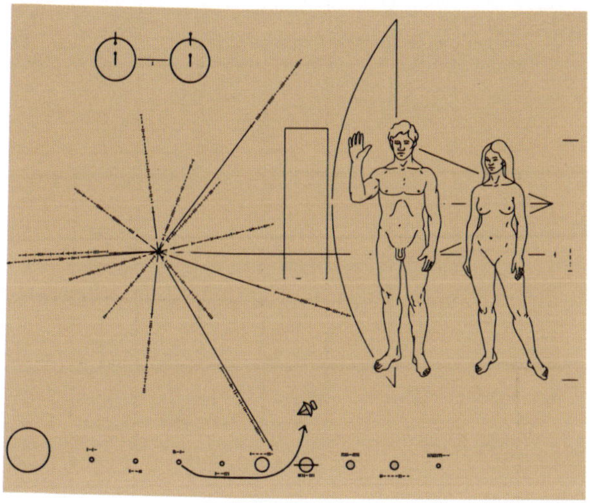

1. Hello ○	○ a. russe
2. Hola ○	○ b. suédois, danois
3. Hallo ○	○ c. thaï
4. Ni hao ○	○ d. grec
5. Privyet ○	○ e. anglais
6. Aloha ○	○ f. hindi
7. Konnichiwa ○	○ g. mandarin
8. Namaste ○	○ h. hawaïen
9. Marhaba ○	○ i. serbe, croate
10. Zdravo ○	○ j. arabe
11. Yassou ○	○ k. japonais
12. Hej ○	○ l. espagnol
13. Sawaldee ○	○ m. allemand

Le **SAVIEZ-VOUS ?**

Elon Musk, l'ambition de ses rêves les plus fous

Aller sur Mars et faire de l'humanité une civilisation multi-planétaire, c'est ce qu'a déclaré vouloir Elon Musk en 2016. Cet Américain d'origine sud-africaine doit sa fortune aux diverses start-up qu'il a revendues, lui permettant de financer ses projets les plus fous. À l'époque, personne ne croit à ses rêves et pourtant, il démocratise les véhicules électriques et l'énergie domestique photovoltaïque, grâce à la société Tesla, qu'il fonde en 2003. Devenu multimilliardaire, il se consacre à son projet de toujours, SpaceX, dont l'ambition est de coloniser la planète Mars. Même s'il sait qu'il ne vivra pas la concrétisation de ce rêve, les premières étapes de son projet vont de réussite en réussite. Ainsi, réutiliser des fusées, envoyer des touristes dans l'espace ou lancer de nombreux satellites commerciaux lui ont permis d'asseoir son expertise aérospatiale en une décennie. Mais Elon Musk a d'autres souhaits encore plus fous comme de terraformer la planète Mars afin de la rendre habitable et respirable pour l'être humain. Rendez-vous sur Mars dans quelques siècles !

MOTS **CROISÉS**

À l'aide des descriptions, retrouvez les noms des actrices françaises qui ont marqué le grand écran.

Horizontal

1. Elle s'est prélassée dans *La Plage* avec Guillaume Canet et Leonardo DiCaprio.
2. La plus internationale de nos actrices. Elle a tourné avec Leos Carax, Krzysztof Kieslowski, Michael Haneke, Hou Hsiao-hsien et David Cronenberg.
3. Elle a eu un *fabuleux destin* grâce à un rôle iconique.
4. Quatre fois césarisée, elle a été la compagne de Johnny Hallyday.
5. Révélée dans un film de François Truffaut, elle est connue pour sa voix particulièrement reconnaissable.
6. Nommée plusieurs fois aux César, cette actrice sait aussi bien nous faire rire que nous émouvoir, comme dans *Les Chatouilles* d'Andréa Bescond et Éric Métayer (2018).
7. Ancienne épouse de Vincent Lindon, elle obtient le César de la meilleure actrice pour *9 mois ferme*, d'Albert Dupontel.
8. Actrice et humoriste, elle a fait le show dans le film *Les Visiteurs*.

Vertical

9. Collaboratrice privilégiée de Claude Chabrol, elle a remporté une avalanche de récompenses.
10. Égérie d'Alain Resnais, elle a obtenu la distinction, en 2015, de commandeur de l'ordre des Arts et des Lettres.
11. À 14 ans, son premier rôle a fait d'elle une actrice indétrônable du cinéma français.
12. Comédienne, réalisatrice et romancière, elle s'est mise dans la peau de Françoise Sagan à la perfection.
13. Elle remporte le César du meilleur espoir féminin en 1984 et, en 1995, la coupe Volpi de la meilleure actrice à la Mostra de Venise.
14. Avec plus de 130 films à son actif, elle a obtenu deux César d'honneur en 1995 et en 2008.
15. Avec 60 ans de carrière, elle a été l'égérie de réalisateurs comme Jacques Demy, François Truffaut ou André Téchiné.

PUZZLE cinématographique

Retrouvez les titres de neuf films où a joué Gérard Depardieu. Puis, avec les mots restants, découvrez le titre d'une œuvre dans laquelle il n'a pas joué.

LE	AU	JE	MÉTRO	PRÉPAREZ	TOUS
OLYMPIQUES	MON	TENUE	DE	PÈRE	LES
T'AIME	LES	L'HOMME	BUFFET	FER	PARIS
FROID	DERNIER	DU	MOUCHOIRS	MATINS	HÉROS
MASQUE	JEUX	MONDE	VALSEUSES	LYONNAIS	LES
CE	SOIRÉE	ASTÉRIX	VOS	AUX	DE

Ses films : ....

....

....

....

Le film dans lequel il n'a pas joué : L..................................

VRAI OU FAUX

Testez vos connaissaces sur Gérard Depardieu.

1. *Les Valseuses*, de Bertrand Blier, est le premier film dans lequel Depardieu a joué.

VRAI FAUX

2. Gérard Depardieu a été nommé de nombreuses fois aux César en tant que meilleur acteur et en a remporté un pour *Le Colonel Chabert*, en 1995.

VRAI FAUX

3. Il a reçu une distinction de chevalier de la Légion d'honneur.

VRAI FAUX

4. Il a eu trois enfants.

VRAI FAUX

5. Dans un entretien accordé à *Paris Match*, il a dit du président François Mitterrand : « Il est le seul homme politique capable, qui fait le boulot et travaille vraiment. »

VRAI FAUX

6. En 2017, il a sorti sort un album de reprises de chansons de Barbara.

VRAI FAUX

Mur de Berlin (1961-1989)

Mots MÊLÉS

Le mur de Berlin était considéré comme l'emblème de la guerre froide. Pendant plus de 28 ans, il a divisé la ville et les familles, empêchant toute communication. Aujourd'hui, il ne reste que de rares sections du mur, conservées en tant que symboles de la division puis de la réunification de l'Allemagne.

Retrouvez dans cette grille 16 mots liés à ce mur historique. S'il vous en manque, aidez-vous de la liste.

R	H	H	T	H	Q	S	G	Q	G	Z	C	F	F	P
V	O	W	I	U	D	G	R	S	Q	W	O	T	V	V
Ç	G	D	D	Q	X	W	A	T	R	M	L	S	T	Y
L	J	L	A	K	T	S	F	A	E	S	B	G	N	U
N	I	J	A	R	Y	V	F	S	T	T	M	U	R	U
K	A	B	M	S	I	Y	I	I	R	R	F	E	Ç	N
F	T	B	E	N	N	M	T	F	O	E	R	R	I	I
M	R	C	A	R	D	O	I	J	U	E	S	R	V	T
I	X	A	C	R	T	S	S	T	V	T	S	E	W	E
R	B	P	Q	C	T	E	Y	T	A	A	Y	U	S	L
E	D	I	O	R	F	W	I	C	I	R	J	X	D	O
X	B	T	H	K	L	Z	T	E	L	T	N	V	F	B
Q	Y	A	X	B	A	R	B	E	L	E	S	X	X	M
C	Q	L	N	N	K	Ç	G	P	E	Ç	B	R	F	Y
S	P	E	Y	X	X	N	V	S	S	H	I	G	Q	S

Anecdote

Durant la guerre froide, un homme a essayé de fuir de l'Est à l'Ouest en utilisant un avion à moteur. Il a réussi à décoller et à atterrir de l'autre côté du mur, où il a malheureusement été arrêté immédiatement par la police. Cette tentative audacieuse a été l'un des nombreux exemples de la détermination de certains à fuir la RDA (République Démocratique Allemande).

Barbelés
Bloc
Capitale
Froide

Glasnost
Graffitis
Guerre
Liberté

Mirador
Mur
Retrouvailles
Stasi

Street art
Symbole
Traban
Unité

Phrase **CODÉE**

Lorsque le mur était en place, la communication entre l'Est et l'Ouest était fortement restreinte et réglementée. Certains Allemands de l'Est ont réussi à communiquer avec l'Ouest en utilisant des moyens clandestins, comme des lignes téléphoniques non officielles ou des réseaux de dissidents. **Quel message se cache sous ces symboles ?**

PUZZLE berlinois

Ce policier de l'Est choisit la liberté en franchissant d'un bond le passage de la Bernauer Strasse.

Retrouvez quelle pièce de puzzle ne fait pas partie de ce cliché exceptionnel.

a. b. c. d. e. f. g. h.

QUIZ

AUDREY HEPBURN ET ELIZABETH TAYLOR, ICÔNES D'HOLLYWOOD

1. En quelle année Audrey Hepburn a-t-elle accordé un premier rendez-vous au magazine *Paris Match* et en a fait la couverture ?

a. En 1951
b. En 1954
c. En 1956

2. À quel âge Elizabeth Taylor a-t-elle commencé sa carrière ?

a. 10 ans
b. 15 ans
c. 18 ans

3. Dans quel film Audrey Hepburn interprète-t-elle une célèbre chanson d'Édith Piaf pour les beaux yeux d'Humphrey Bogart ?

a. *L'Odyssée de l'African Queen* (1951)
b. *Vacances romaines* (1953)
c. *Sabrina* (1954)

4. Pour lequel de ces films Elizabeth Taylor a-t-elle obtenu un Oscar ?

a. *Qui a peur de Virginia Woolf ?* (1966)
b. *Soudain l'été dernier* (1959)
c. *La Mégère apprivoisée* (1967)

5. Quelle tenue iconique Audrey Hepburn porte-t-elle dans *Diamants sur canapé* ?

a. Une petite robe noire en satin
b. Une longue robe en dentelle rouge
c. Une combinaison façon smoking cintrée

6. Lequel de ces hommes a été marié à Elizabeth Taylor, non pas une, mais deux fois ?

a. Michael Wilding
b. Conrad Hilton
c. Richard Burton

7. En 2019, quelle star a rendu hommage à Audrey Hepburn lors de la cérémonie des Oscars ?

a. Madonna
b. Ariana Grande
c. Lady Gaga

8. Quel rôle a joué Elizabeth Taylor dans le film *La Vénus au vison*, pour lequel elle a obtenu son premier Oscar ?

a. Une aliénée
b. Une prostituée
c. Une servante

9. Le rôle de Holly Golightly dans *Diamants sur canapé* a d'abord été proposé à une autre actrice avant Audrey Hepburn, mais celle-ci a refusé. De qui s'agissait-il ?

a. Marilyn Monroe
b. Elizabeth Taylor
c. Grace Kelly

10. Au service de quelle lutte Elizabeth Taylor était-elle engagée ?

a. Contre le cancer du poumon
b. Contre le sida
c. Contre la trisomie 21

Citations
À TROUS

Parmi les propositions ci-dessous, trouvez les bons mots pour compléter cette citation d'Audrey Hepburn.

« AUX AUTRES, JE DONNE LE

1

pouvoir / choix / droit

D'ÊTRE COMME ILS SONT.

À MOI, JE ME DONNE LE

2

rôle / devoir / désir

D'ÊTRE CHAQUE JOUR MEILLEURE. »

Jeu des **PAIRES**

Le « diamant Cartier » a été acheté par l'acteur Richard Burton comme cadeau pour son épouse Elizabeth Taylor, en 1969. Tous ces diamants forment des paires, sauf un. Retrouvez ce diamant, qui ressemble au célèbre Taylor-Burton.

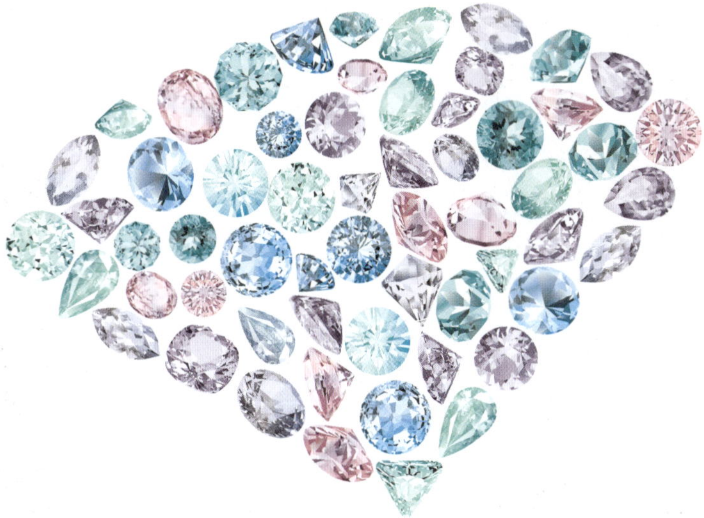

SUDOKU

En quelle année le film *Cléopâtre* avec Elizabeth Taylor est-il sorti ? Complétez cette grille de sudoku pour le découvrir. Les cases colorées vous indiqueront la réponse.

			7	9	8		2	
7								5
					1	7	6	
				7		2		6
	2						8	
1		4		8				
	8	7	3					
6								2
	9		8	4	6			

CITATIONS de présidents

Entre grands discours et petites phrases, certaines paroles d'hommes politiques sont restées célèbres.
Grâce aux mots en bas de page, complétez quelques citation des présidents de la Vᵉ République.

François Mitterrand

1. « La démocratie, c'est aussi le droit institutionnel de dire des __________. »

Emmanuel Macron

2. « Quand ma liberté vient menacer celle des autres, je deviens un __________. »

François Hollande

3. « Les __________ arrivent, plus tard que ce que j'avais annoncé, mais ils sont là. »

Charles de Gaulle

4. « La France ne peut être la France sans la __________. »

George Pompidou

5. « Chaque __________ résolu en fait naître d'autres, en général plus difficiles. »

Jacques Chirac

6. « La politique, c'est l'art de rendre possible ce qui est __________. »

Valéry Giscard d'Estaing

7. « Je ne serai pas un président-candidat, mais un __________-candidat. »

Nicolas Sarkozy

8. « La __________, ce n'est pas la droite, ce n'est pas la gauche, ce sont tous les Français. »

bêtises	grandeur	nécessaire	république
citoyen	irresponsable	problème	résultats

Les 7 **DIFFÉRENCES**

Le palais de l'Élysée est situé dans le 8e arrondissement de Paris. Il s'agit de la résidence officielle du président de la République française depuis l'installation du maréchal de Mac Mahon en 1874. Le palais a été construit au XVIIIe siècle et a connu de nombreuses modifications au fil du temps.

Saurez-vous retrouver les sept différences qui se cachent entre les deux photographies ci-dessous ?

Mots MÊLÉS

Brigitte Bardot est une icône du cinéma et de la culture populaire des années 1950 et 1960.

Retrouvez dans cette grille 16 mots liés à Brigitte Bardot. S'il vous en manque, aidez-vous de la liste.

T	F	M	T	C	H	O	U	C	R	O	U	T	E	G
I	C	X	T	D	E	T	C	P	W	G	D	D	Ç	S
T	Y	B	L	O	N	D	E	M	R	N	A	Y	E	Z
E	E	O	B	Z	P	D	G	U	J	C	J	X	E	S
Ç	D	D	E	C	B	O	O	P	V	O	S	P	Y	E
T	N	F	T	H	D	B	H	P	T	Y	O	A	T	Y
H	E	Y	U	A	S	P	S	T	M	R	S	A	E	Q
X	G	C	R	N	R	K	D	B	T	M	M	L	Y	Ç
E	E	D	I	S	G	T	O	T	A	E	R	H	E	S
Z	L	A	N	O	B	L	N	D	N	A	C	B	R	W
K	G	F	K	N	Z	I	R	I	H	I	O	V	B	D
G	B	U	O	Y	A	A	C	M	V	R	U	T	I	M
Q	S	Q	X	S	G	X	Ç	B	Ç	O	P	R	L	E
J	Z	A	Y	U	T	A	N	I	M	A	U	X	B	H
Z	U	I	E	N	D	G	E	S	N	A	D	C	Ç	Z

Anecdote

En 1973, Brigitte Bardot a annoncé son retrait de la scène cinématographique, à l'âge de 39 ans. Elle a déclaré que le métier d'actrice était devenu ennuyeux et qu'elle voulait se consacrer à la défense des animaux.

Animaux
Blonde
Chanson
Choucroute

Cinéma
Danse
Gainsbourg
Godard

Harley
Légende
Libre
Madrague

Robe
Saint-Tropez
Sex symbol
Vichy

QUIZ SES PREMIÈRES FOIS

Brigitte Bardot a commencé sa carrière d'actrice à l'âge de 18 ans et a rapidement acquis une réputation de sex-symbol grâce à son apparence glamour et son charisme à l'écran. Elle a enchaîné les rôles dans des films devenus des classiques du cinéma français. Fervente militante du droit des animaux, elle a fondé sa propre organisation de protection animale en 1986, la Fondation Brigitte Bardot.

1. Quelle a été la première cause animale pour laquelle Brigtte Bardot s'est investie ?

a. b. c. d.

2. Où a-t-elle rencontré Serge Gainsbourg pour la première fois ?

a. Dans l'émission *Le show Bardot*, diffusée par l'ORTF.
b. Chez Castel, à Paris, où Gainsbourg aimait jouer du piano.
c. Sur le tournage du film *Voulez-vous danser avec moi ?*
d. Chez Maurice Remona, son ami designer.

3. Qui a été son premier mari ?

a. Roger Vadim
b. Bernard d'Ormale
c. Jacques Charrier
d. Gunter Sachs

4. Quel a été son premier film ?

a. *Le Mépris*
b. *Les Dents longues*
c. *Cette sacrée gamine*
d. *Le Trou normand*

Le SAVIEZ-VOUS ?

Brigitte Bardot et Serge Gainsbourg

Brigitte Bardot et Serge Gainsbourg ont vécu une relation très médiatisée dans les années 1960 et 1970. Ils ont d'abord travaillé ensemble en 1967 sur la chanson *Bonnie and Clyde*, qui a été un succès en France et dans le monde entier.
Leur collaboration musicale s'est poursuivie avec des chansons comme *Harley Davidson* et *Je t'aime... moi non plus*, initialement écrite pour Brigitte Bardot en 1967, mais finalement enregistrée en 1969 avec Jane Birkin, la nouvelle compagne de Serge Gainsbourg.

RÉBUS épicés

Les épices sont employées pour parfumer les aliments depuis plusieurs milliers d'années. Fraîches ou séchées, entières ou moulues, elles ajoutent de la saveur, de la couleur et de la texture aux plats.
Retrouvez l'épice qui se cache derrière chacun de ces rébus.

1. ____________________

2. ____________________

3. ____________________

4. ____________________

Le **SAVIEZ-VOUS ?**

Paul Bocuse, un ambassadeur de la cuisine française

(1926-2018)

Considéré comme l'un des chefs les plus influents du XXe siècle, Paul Bocuse a été surnommé le « pape de la cuisine française » par le guide Michelin.
Il a grandi dans une famille de restaurateurs et a commencé à travailler en cuisine à l'âge de 16 ans. Formé par de grands chefs de l'époque, il a travaillé dans plusieurs restaurants avant de reprendre l'auberge familiale, à Collonges, en 1958, qu'il a transformée en restaurant gastronomique renommé. Il était connu pour sa cuisine française classique, mais aussi pour son approche novatrice, en introduisant de nouvelles techniques et en utilisant des ingrédients de qualité supérieure. Il a été à l'origine de la création de la « nouvelle cuisine » dans les années 1970, qui mettait l'accent sur la légèreté, la simplicité et la fraîcheur des plats, en utilisant moins de sauces et d'ingrédients lourds.
Paul Bocuse a reçu de nombreuses récompenses au cours de sa carrière, notamment les trois étoiles Michelin (pendant 53 ans !), la plus haute distinction culinaire du monde. Fervent défenseur de la cuisine française, il a créé plusieurs concours culinaires pour encourager les jeunes chefs.

MOTS **CROISÉS**

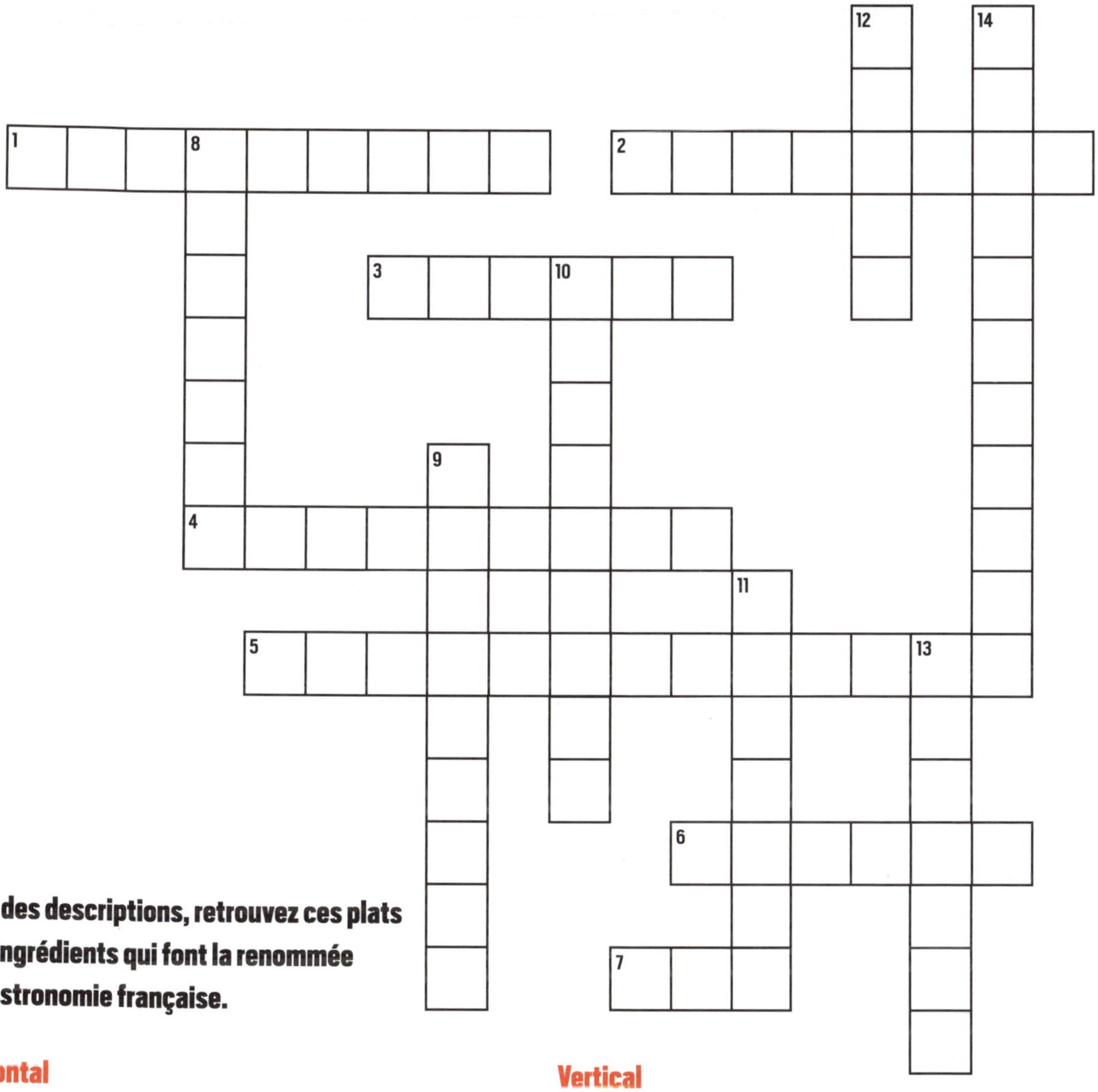

À l'aide des descriptions, retrouvez ces plats ou ces ingrédients qui font la renommée de la gastronomie française.

Horizontal

1. Mélange de sucre et de fruits, elle est l'amie des petits déjeuners et agrémente les beignets et les yaourts.
2. Symbole français, avec sa croûte croustillante et sa mie légère, elle accompagne tous les repas et se retrouve sous le bras.
3. On la trouve sous forme salée, garnie de fromage, de viande ou de légumes. Sans fromage, elle est très réputée en Lorraine.
4. Très souvent cuits avec du beurre à l'ail et des herbes, ils sont servis dans leur coquille.
5. Soupe de poisson traditionnelle de la région de Marseille.
6. Paul Bocuse a créé une soupe pour le président Giscard d'Estaing avec cet ingrédient.
7. On le trouve notamment en Bourgogne, dans la région de Bordeaux ou dans le Beaujolais.

Vertical

8. À pâte molle, crue, fraîche ou dure, il est l'un des mets incontournables de la cuisine française.
9. Son ancêtre était austro-hongrois et il est le roi des viennoiseries.
10. Originaire du Languedoc, plat d'haricots blancs mijotés avec de la viande de porc, des saucisses et du confit de canard.
11. Petit gâteau à base de meringue et d'amandes, souvent fourré de crème ou de confiture, icône de Pierre Hermé.
12. Faite à partir de farine, d'œufs et de lait, souvent garnie de sucre, de confiture, de chocolat, de fruits ou de crème fouettée.
13. Plat léger et aérien préparé avec une base de béchamel et des blancs d'œufs battus en neige, servi comme plat principal ou comme dessert.
14. Plat provençal de légumes mijotés, généralement servi en accompagnement.

ANAGRAMMES **À DÉCODER**

Lutte pour les droits des femmes, contre les maladies ou la pauvreté : ce sont les missions que se sont données ces femmes engagées pour défendre des causes qui leur tiennent à cœur. Issues des quatre coins du monde, elles sont actrices, femmes politiques ou avocates. Découvrez les engagements de ces militantes, déterminées à défendre leurs idées et leurs valeurs pour un monde meilleur.

1. AINDA PERSCEN

Surnommée la « princesse des cœurs », elle s'est distinguée en tant que figure mondiale de la cause humanitaire. Au cours de sa vie, elle s'est engagée dans plusieurs associations pour la défense des enfants, la lutte contre le sida et le cancer ou le combat contre l'emploi des mines.

Qui est-elle ? ________________

2. CILHEMEL ABAMO

Ancienne Première dame des États-Unis, elle est engagée pour la défense des femmes, l'éducation et en faveur d'une alimentation saine. Dans le but de soutenir les victimes du séisme en Haïti, en 2010, elle rejoint la Croix-Rouge américaine. La même année, elle lance la campagne *Let's Move!* pour lutter contre l'obésité et améliorer la santé des enfants. Engagée dans le mouvement *Let Girls Learn*, elle encourage les jeunes, notamment les femmes, à poursuivre leurs études supérieures.

Qui est-elle ? ________________

3. LAMAALA ASOFAYZUI

Militante pakistanaise, considérée comme un symbole de la lutte pour l'éducation des filles, elle défend ses idées dans un livre autobiographique, publié en 2013, où elle raconte ses combats et la tentative d'assassinat à laquelle elle a échappé. L'année suivante, elle reçoit le prix Nobel de la paix pour ses engagements, à seulement 17 ans, faisant d'elle la plus jeune lauréate de ce prix. La jeune femme est aujourd'hui diplômée de l'université d'Oxford.

Qui est-elle ? ________________

4. ESELIG ILAMIH

Avocate, militante féministe et femme politique franco-tunisienne, elle a fondé le mouvement « Choisir la cause des femmes » aux côtés de Simone de Beauvoir et de Jean Rostand. Elle a également contribué à l'adoption de la loi Veil sur l'interruption volontaire de grossesse en 1975, ainsi qu'à celle d'une nouvelle loi reconnaissant le viol comme un crime, en 1980. Jusque-là, il était seulement traité comme un délit. L'insertion massive des femmes en politique était aussi l'un de ses engagements.

Qui est-elle ? ________________

5. LANGNIEA IOLEJ

Cette actrice américaine est également une fervente militante des droits de l'Homme. Ambassadrice de bonne volonté de l'Agence des Nations Unies pour les réfugiés de 2001 à 2012, puis envoyée spéciale pour ce même organisme de 2012 à 2020, elle participe à de nombreuses missions humanitaires au cours desquelles elle rencontre des réfugiés et fait des dons. En 2006, elle crée une fondation dont l'objectif est de lever des fonds pour diverses associations comme Médecins sans frontières ou Global Action for Children.

Qui est-elle ? ________________

Le **SAVIEZ-VOUS ?**

La Journée internationale des droits des femmes

Chaque 8 mars se tient la Journée internationale des droits des femmes. Pourquoi cette date ?
En 1910, Clara Zetkin, une enseignante, journaliste et femme politique allemande, organise pour la première fois une Journée internationale des femmes afin de militer pour le droit de vote et l'égalité entre les sexes. C'est en 1921 que l'URSS décrète la date du 8 mars pour organiser cette journée, officialisée par l'ONU en 1977 et célébrée, depuis, ce jour-là.

VRAI OU FAUX

Parmi ces cinq propositions, quelle affirmation est fausse ?

1. Arrivé en France en 2012, le mouvement des femen est à l'origine un mouvement féministe ukrainien.

VRAI FAUX

2. Aux États-Unis, il existe un mouvement féministe qui s'appelle la National Organization for Women.

VRAI FAUX

3. Frida Kahlo se battait pour l'égalité des sexes et pour les droits des femmes mexicaines. Elle revendiquait ses sourcils qui se rejoignaient pour s'affranchir des diktats de la mode féminine.

VRAI FAUX

4. La loi Veil a instauré le droit à l'avortement, dépénalisant l'interruption volontaire de grossesse. C'est en 1978 que cette loi a été adoptée.

VRAI FAUX

5. Ellen Johnson Sirleaf est la première femme élue au suffrage universel à la tête d'un État africain.

VRAI FAUX

QUI suis-je ?

Avec les informations ci-dessous, retrouvez le nom de cette grande figure du féminisme français.

Je suis née le 9 janvier 1908 à Paris.

Je rencontre l'homme qui partagera ma vie à la faculté.

Je fonde en 1945, avec lui et d'autres intellectuels, une revue intitulée *Les Temps modernes*.

Je suis enseignante mais décide d'abandonner ce métier au cours de l'année 1943.

Je deviens une figure du féminisme en 1949, avec la parution de mon ouvrage *Le Deuxième Sexe*.

Je décède en 1986 et suis enterrée avec l'homme qui a partagé ma vie.

Je suis ____________________

Édith Piaf (1915-1963)

Mots MÊLÉS

Édith Piaf était connue pour sa voix puissante et émouvante, ainsi que pour son répertoire de chansons qui a marqué durablement l'histoire de la musique française. Elle a commencé sa carrière dans les rues de Paris avant de devenir une artiste professionnelle dans les années 1930. Elle est considérée aujourd'hui comme l'une des plus grandes chanteuses françaises de tous les temps.

Retrouvez dans la grille 16 mots qui symbolisent la vie d'Édith Piaf. S'il vous en manque, aidez-vous de la liste.

G	E	K	R	V	E	C	T	V	V	E	E	L	K	S
X	F	N	H	U	I	L	M	C	P	C	I	P	P	A
V	Y	B	A	B	X	V	L	X	C	B	I	L	F	R
L	E	G	I	O	N	N	A	I	R	E	R	G	O	A
C	B	U	J	P	P	I	W	H	V	D	R	J	U	P
M	V	C	Q	A	M	O	U	R	N	E	T	Y	L	O
U	O	L	Y	M	P	I	A	A	R	V	L	P	E	Ç
Y	Z	P	A	D	A	M	T	I	I	W	N	L	H	T
V	E	R	I	E	Z	N	U	E	V	A	M	G	E	L
K	I	A	S	B	O	N	M	D	D	I	T	R	Ç	B
C	M	O	R	M	E	O	K	R	O	A	A	P	W	R
X	R	I	L	B	M	Z	E	O	M	B	L	R	U	D
L	E	I	O	Z	O	C	C	S	A	N	D	L	L	P
N	D	R	O	L	I	M	A	C	D	J	N	D	A	Y
G	P	Y	C	F	A	K	K	Ç	F	J	R	N	A	B

Anecdote

Edith Piaf est devenue aveugle à 6 ans. Mais après un pèlerinage à Lisieux, celle-ci recouvre la vue. Miracle ou non, elle restera fidèle à sa foi. Elle gardera une dévotion toute sa vie pour sainte Thérèse de Lisieux et retournera chaque année se recueillir dans son carmel.

Amour
Ballade
Belleville
Cabaret

Cerdan
Foule
Légionnaire
Môme

Montand
Milord
Olympia
Padam

Rien
Robe noire
Rose
Sarapo

CHRONOLOGIE

Placez dans l'ordre chronologique ces six chansons de Dalida sur la frise.

a. *Laissez-moi danser*

b. *Le Temps des fleurs*

c. *Bambino*

d. *Mourir sur scène*

e. *Itsi bitsi petit bikini*

f. *Paroles... Paroles...*

1956	1960	1968	1973	1979	1983
☐	☐	☐	☐	☐	☐

CHANSON À TROUS

Johnny Hallyday, chanteur aux multiples succès a enregistré, tout au long de sa carrière, plus de 1 000 titres. Entre tous, le préféré du public reste *Je te promets*.
Complétez les paroles de cette chanson inoubliable écrites par Jean-Jacques Goldman.

Je te promets mes 1.____________ pour porter tes angoisses
Je te promets mes mains pour que tu les 2.____________
Je te promets mes 3.____________ si tu ne peux plus voir
J'te promets d'être heureux si tu n'as plus d'espoir
J'y crois comme à la terre, j'y crois comme au 4.____________
J'y crois comme un 5.____________ , comme on peut croire au ciel
J'y crois comme à ta peau, à tes bras qui me 6.____________
J'te promets une histoire 7.____________ des autres
Si tu m'aides à y croire 8.____________

QUIZ ELIZABETH II UN RÈGNE DE LÉGENDE

Née en 1926, Elizabeth II est devenue reine du Royaume-Uni en 1952 puis a été couronnée en 1953, lors d'une cérémonie retransmise en direct à la télévision. Elle eut, avec le prince Philip Mountbatten, épousé à l'abbaye de Westminster, en 1947, quatre enfants. Décédée à l'âge de 96 ans, elle détient le record de longévité sur le trône britannique et restera dans le cœur du peuple britannique et, plus largement, du monde entier.

1. À quel âge Elizabeth a-t-elle donné son premier discours public, diffusé sur la BBC ?

a. 12 ans
b. 14 ans
c. 16 ans

2. La reine portait une attention particulière à sa garde-robe et elle appréciait un détail en particulier. Lequel ?

a. Que les ourlets de ses robes soient lestés avec du plomb
b. Que ses chapeaux aient un intérieur en soie
c. Que les boutons de ses chemisiers soient cousus avec du coton d'Égypte

3. En quelle année a eu lieu sa visite officielle en France auprès de Georges Pompidou ?

a. 1969
b. 1972
c. 1974

4 . Quel objet n'emmenait jamais la reine lorsqu'elle prenait le volant pour conduire ?

a. Son chapeau
b. Son permis
c. Son corgi

5. Quel poste a-t-elle exercé pendant la Seconde Guerre mondiale ?

a. Conductrice militaire
b. Professeur
c. Infirmière

6. Combien de corgis a t-elle eus tout au long de sa vie ?

a. Une dizaine
b. Une vingtaine
c. Une trentaine

7. De quelle façon insolite la reine est-elle apparue lors des Jeux olympiques de Londres en 2012 ?

a. Le vent a fait s'envoler son chapeau.
b. Escortée par James Bond, elle a fait semblant d'arriver en hélicoptère et de sauter en parachute au-dessus du stade.
c. Elle a été accompagnée par un défilé de plus de 15 000 performeurs, acrobates et gymnastes.

8. De quel pays était originaire son mari Philip Mountbatten ?

a. Du Danemark
b. D'Italie
c. De Grèce

Les résidences ROYALES

Les souverains britanniques possèdent plusieurs résidences officielles à travers le Royaume-Uni. Certaines de ces demeures sont utilisées pour les fonctions officielles de l'État, tandis que d'autres sont des lieux de retraite et de repos pour la famille royale. Elles sont riches en histoire, en art et en culture, et sont souvent ouvertes au public pour des visites et des événements spéciaux.
Associez chaque cliché au nom du lieu qu'il représente.

a. ....

b. ....

c. ....

d. ....

e. ....

f. ....

Château de Hillsborough, en Irlande du Nord
Sandringham House, dans le Norfolk
Château de Windsor, près de Londres

Château de Balmoral, en Écosse
Palais de Buckingham, à Londres
Palais de Holyrood, en Écosse

La DEVINETTE

La reine Elizabeth II était la seule à avoir le droit de déguster cet animal particulier. Savez-vous lequel ?

PUZZLE olympique

Retrouvez le nom des personnalités françaises qui ont remporté au moins une médaille d'or lors des Jeux olympiques et découvrez, avec les syllabes restantes, la seule n'y ayant jamais participé.

MAR	DY	ESTAN	CADE
TO	RINE	CHA	FONT
SEB	ELLE	OME	SELY
TED	TIN	MANAU	BAL
EST	ASTIEN	RI	YER
LAU	NY	LAF	DOU
THIE	RE	MOS	GUET
PER	RRY	FOUR	NER

Les sportifs médaillés d'or :

....

....

....

....

....

....

....

Le sportif mystère n'ayant pas participé aux JO : ....

Le **SAVIEZ-VOUS ?**

Pierre de Coubertin

(1863-1937)

Pédagogue et historien français, Pierre de Coubertin était passionné par l'histoire et la culture grecques, qui ont inspiré sa vision des Jeux olympiques modernes. Il a fondé le Comité international olympique (CIO) en 1894 et organisé les premiers Jeux, deux ans plus tard, à Athènes. Il a travaillé pour améliorer l'éducation physique dans les écoles françaises et a aidé à créer des organisations sportives internationales. Malgré sa renommée, Coubertin a été critiqué pour sa vision de l'athlétisme et de l'éducation physique, considérée comme élitiste et conservatrice. Il continue d'inspirer les athlètes du monde entier.

PARIS 2024

47 disciplines sont au programme des Jeux olympiques de Paris en 2024.
Indiquez, devant chaque discipline, le numéro du pictogramme correspondant.

... Athlétisme
... Aviron
... Badminton
... Basket-ball
... Basket-ball 3×3
... BMX freestyle
... BMX racing
... Boxe
... Breaking
... Canoë course en ligne
... Canoë-kayak slalom
... Cyclisme sur piste
... Cyclisme sur route
... Équitation (concours complet)
... Équitation (dressage)
... Équitation (saut d'obstacles)
... Escalade
... Escrime
... Football
... Golf
... Gymnastique artistique
... Gymnastique rythmique
... Gymnastique (trampoline)
... Haltérophilie
... Handball
... Hockey
... Judo
... Lutte
... Mountain bike (VTT)
... Natation
... Natation artistique
... Natation marathon
... Pentathlon moderne
... Plongeon
... Rugby à sept
... Skateboarding
... Surf
... Taekwondo
... Tennis
... Tennis de table
... Tir
... Tir à l'arc
... Triathlon
... Voile
... Volley-ball
... Volley-ball de plage
... Water-polo

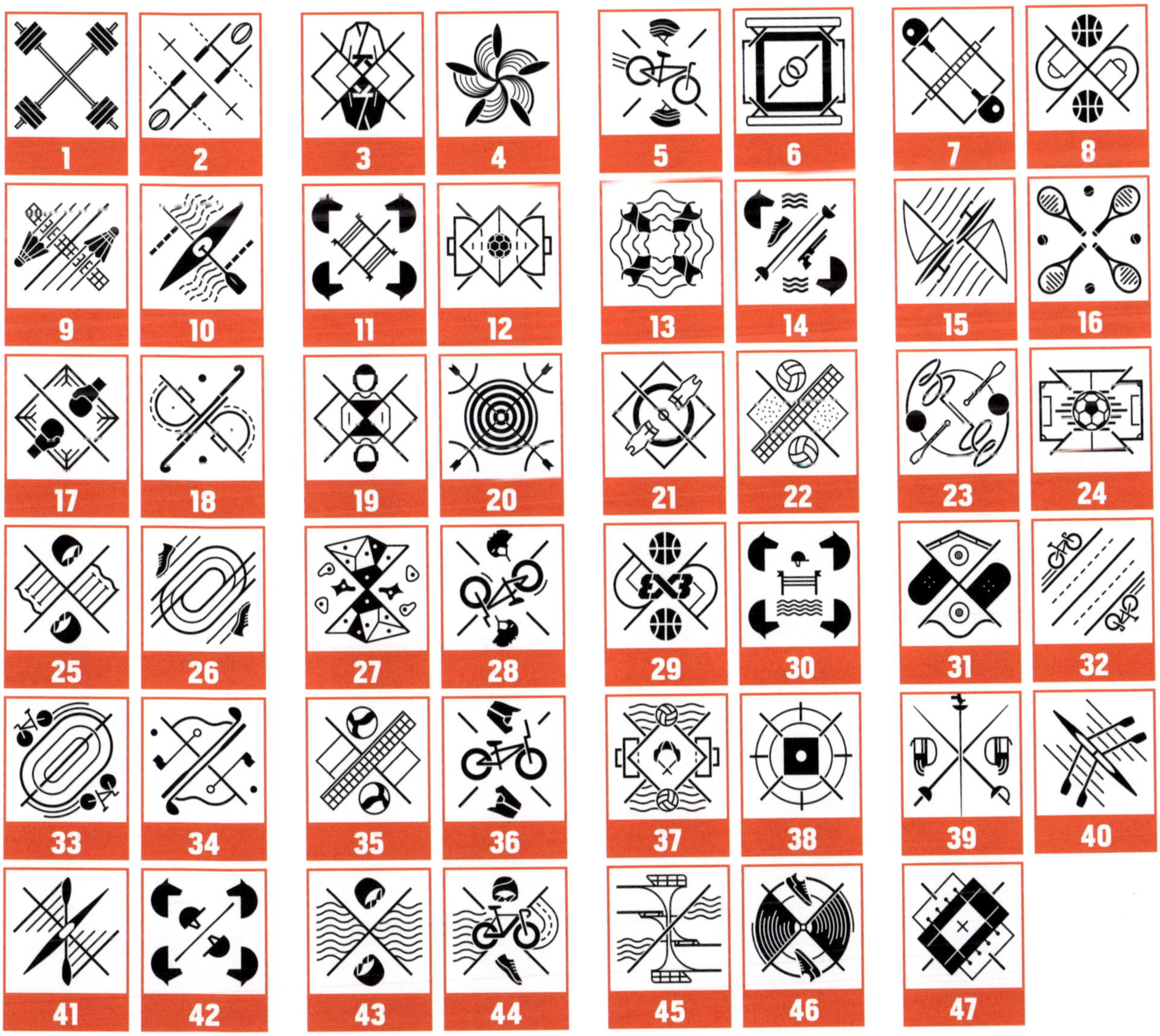

SUDOKU

En complétant le sudoku ci-dessous, découvrez la date de la découverte de l'ADN.

9			4			6	7	
8					2		5	4
5	7	4	3			2	1	8
4	5	8		2	3		6	
	9				7		8	
		7	8			4		
	8	9	5	7	4	1		
		6		9			4	7
7		5					9	

Le SAVIEZ-VOUS ?

La découverte de l'ADN,

un tournant historique

La découverte de l'ADN a marqué un tournant dans l'histoire de la science. Le 25 avril 1953, James Watson et Francis Crick ont mis en évidence la structure en double hélice de l'ADN, ce qui a accéléré la recherche en génétique.

En 1996, la brebis Dolly a été la première créature clonée à partir d'une cellule adulte, une avancée majeure dans l'utilisation des biotechnologies. Ces deux événements ont eu un impact considérable sur la science et la technologie.

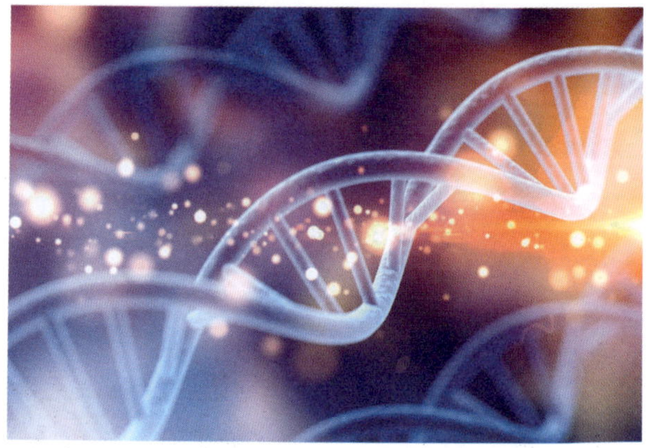

L'INTRUS à trouver

Dolly a été clonée de nombreuses fois ci-dessous. Trouvez la brebis différente des autres.

Qui est LE PLUS ANCIEN ?

Ces dernières décennies, de nombreuses innovations technologiques ont bouleversé notre quotidien.

Indiquez le numéro correspondant à chaque élément sur la frise chronologique.

1. Google

2. Mario Bros

3. Macintosh SE

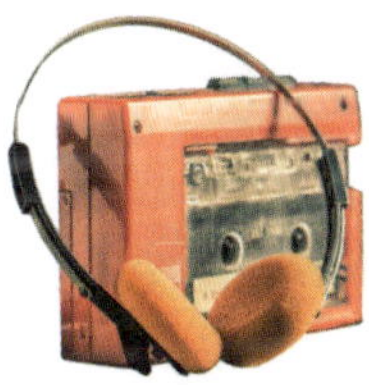

4. Walkman

5. Minitel

6. facebook

7. iPhone 2G

8. Tetris

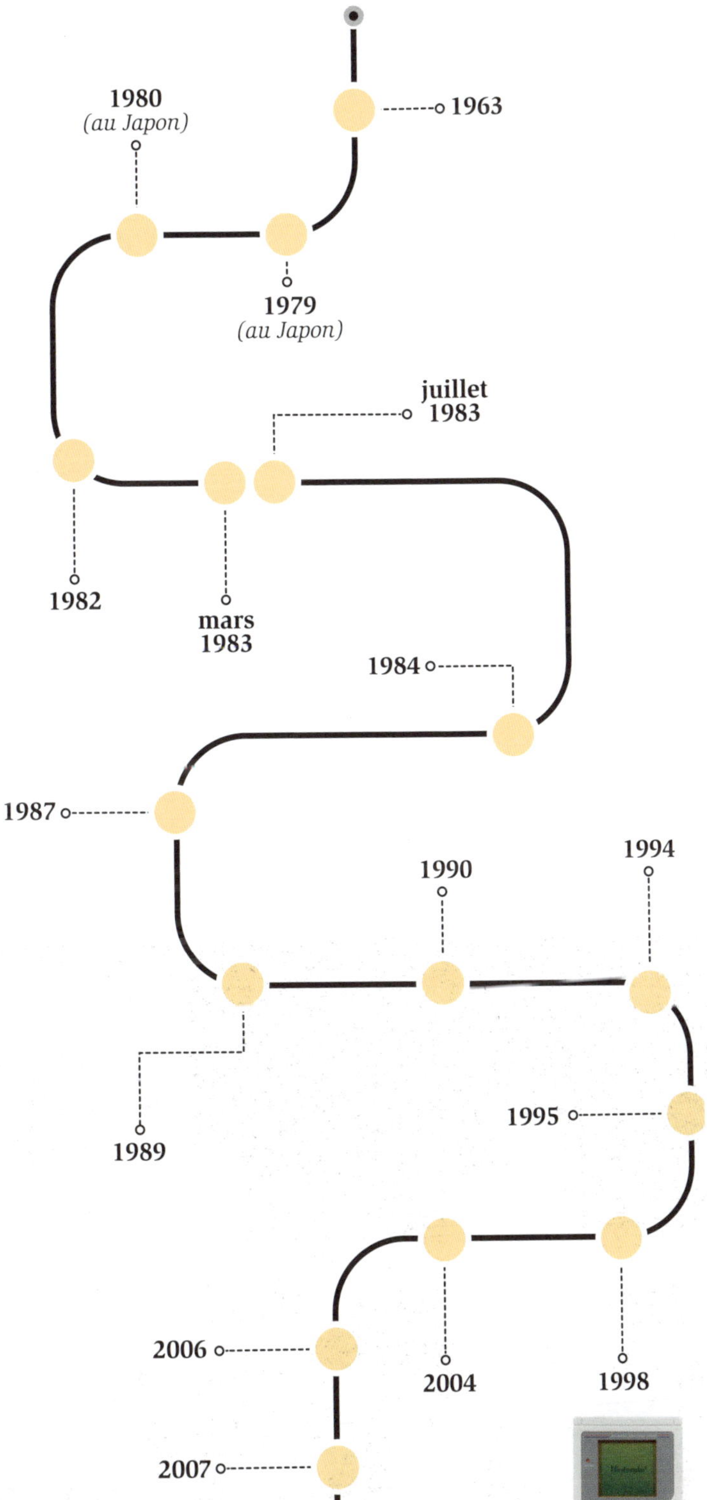

9. Game Boy

16. Super Nintendo

15. Cassette audio

14. YAHOO!

13. twitter

12. Téléphone mobile

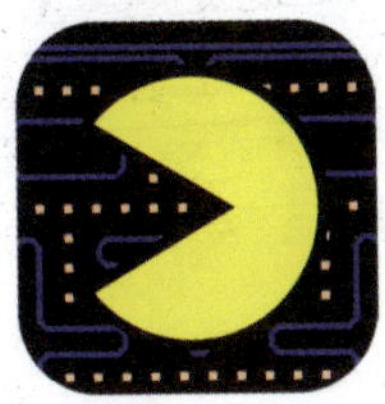

11. Pac-Man

10. msn

Les comédies musicales **À RELIER**

Les comédies musicales ont traversé les époques et restent des références.
Reliez chaque chanson culte à son œuvre.

A. *La chanson des jumelles* ○	○ 1. *La La Land*
B. *Good Morning* ○	○ 2. *Cabaret*
C. *Diamonds Are A Girl's Best Friends* ○	○ 3. *West Side Story*
D. *Lady Marmalade* ○	○ 4. *Grease*
E. *Belle* ○	○ 5. *Les Demoiselles de Rochefort*
F. *Dancing Queen* ○	○ 6. *Moulin Rouge*
G. *America* ○	○ 7. *Mamma Mia !*
H. *You're The One That I Want* ○	○ 8. *Notre-Dame de Paris*
I. *Willkommen* ○	○ 9. *Chantons sous la pluie*
J. *Another Day of Sun* ○	○ 10. *Les hommes préfèrent les blondes*

QUIZ LES CHANTEURS FRANÇAIS

Beaucoup d'artistes français ont conquis le public grâce à leur voix, leur style et leur personnalité. Leurs textes ont touché des générations entières et nombreux sont les chanteurs actuels à rendre hommage à ceux qui les ont précédés en reprenant leurs titres. La chanson française fait partie de notre patrimoine culturel et rayonne à travers le monde.

1. Quel métier voulait exercer Serge Gainsbourg avant d'être chanteur ?

a. Écrivain
b. Peintre
c. Aviateur

2. Qui a interprété le titre *Quand j'étais chanteur* en 1975 ?

a. Maxime le Forestier
b. Michel Jonasz
c. Michel Delpech

3. Pour quel pays France Gall a-t-elle remporté l'Eurovision en 1965 avec *Poupée de cire, poupée de son* ?

a. Le Luxembourg
b. La France
c. La Suisse

4. Quelle chanson française a été reprise en anglais sous le titre *My way* ?

a. *Le Chemin*
b. *Comme d'habitude*
c. *Ce petit chemin*

5. Quel chanteur aux trois octaves, connu pour son militantisme, refusait d'être catégorisé dans le registre « variétés » ?

a. Daniel Balavoine
b. Daniel Lévy
c. Johnny Hallyday

6. Où Véronique Sanson a-t-elle vécu à partir de 1973?

a. Au Royaume-Uni
b. En Allemagne
c. Aux États-Unis

7. Où Jacques Brel est-il né ?

a. En France
b. En Belgique
c. Aux Marquises

8. Quel chanteur n'a jamais remporté la Victoire de la musique de l'artiste interprète masculin ?

a. Francis Cabrel
b. Florent Pagny
c. Pascal Obispo

9. En plus d'être chanteur, Marc Lavoine est comédien. Dans quelle série a-t-il débuté sa carrière ?

a. *Pause café*
b. *Marie Pervenche*
c. *Caméra Café*

10. Julien Clerc, avant sa belle et longue carrière solo, faisait partie d'un groupe musical. Lequel ?

a. Le Big Bazar
b. Hair
c. Téléphone

Les **DEVINETTES**

Le 29 janvier 1992, pour commémorer les 30 ans d'une célèbre maison de couture, mannequins, robes iconiques et œuvres d'art ont été réunis dans ce bel appartement parisien. Testez vos connaissances en art et en mode.

1. Quel célèbre grand couturier vivait dans cet appartement parisien, situé au 55 rue de Babylone ?

2. Quel artiste a réalisé le tableau central, *Le Profil noir*, en 1928 ?

3. De quel peintre est inspirée la robe bleue portée par la mannequin Natacha (deuxième en partant de la droite) ?

4. Quel courant artistique est représenté sur la robe de Micky (deuxième en partant de la gauche) ?

5. Quel peintre a réalisé l'œuvre *L'Enfant bleu*, qui se trouve entre les deux mannequins de gauche ?

6. À partir de quel tableau a été imaginée la robe de la mannequin de gauche ?

PORTRAIT chinois

Devinez la personnalité cachée à l'aide des informations ci-dessous.

Si j'étais un pays, je serais l'Espagne.
Si j'étais un domaine, je serais la mode.
Si j'étais un objet, je serais un parfum.

Si j'étais un matériau, je serais du métal.
Si j'étais un livre, je serais *Fin des temps*.
Si j'étais un sujet, je serais le paranormal.

Qui suis-je ? ____________

PÊLE-MÊLE

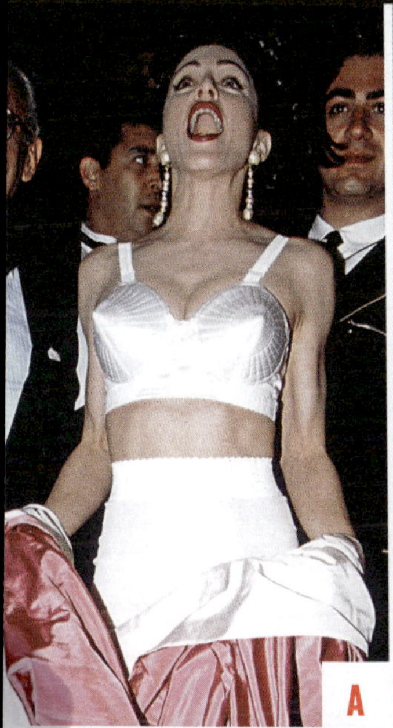
A

B

C

D

E

F

G

La France est le rendez-vous du luxe et de la mode depuis des siècles.

Saurez-vous retrouver à quel créateur correspondent ces robes iconiques ?

☐ 1. Coco Chanel

☐ 2. Yves Saint Laurent

☐ 3. Thierry Mugler

☐ 4. Jean-Louis Scherrer

☐ 5. Christian Dior

☐ 6. Jean-Paul Gaultier

☐ 7. Paco Rabanne

QUI a dit QUOI ?

Ces personnalités emblématiques ont fondé ou dirigé des entreprises qui ont eu un impact considérable sur l'industrie technologique et, plus largement, la société. Saurez-vous retrouvez l'auteur de chaque citation ?

a. Mark Zuckerberg

b. Jeff Bezos

c. Elon Musk

d. Bill Gates

e. Steve Jobs

1. « Soyez gentil avec les geeks. L'un d'eux pourrait devenir votre patron. »

2. « L'échec est une option. Si les choses n'échouent pas, vous n'innovez pas assez. »

3. « Mon objectif n'a jamais été de créer une entreprise. Mais de bâtir quelque chose susceptible de changer le monde. »

4. « Je savais que la seule chose que je pourrais regretter, c'était de ne pas essayer. »

5. « Ayez le courage de suivre votre cœur et votre intuition. L'un et l'autre savent ce que vous voulez réellement devenir. Le reste est secondaire. »

CHRONOLOGIE

Retracez l'évolution du logo d'Apple au fil des ans sur la frise chronologique.

1976 — 1977 — 1998 — 2001 — 2007 — 2014

1 2 3 4 5 6

MOTS **CROISÉS**

À l'aide des descriptions, retrouvez les mots qui symbolisent l'univers de Steve Jobs.

Horizontal

1. Montre connectée dévoilée en 2014 par Apple.
4. Lecteur de musique portable lancé par Apple en 2001, qui a révolutionné notre façon d'écouter la musique.
6. Nom de la « Valley » de San Francisco qui désigne le pôle des industries de pointe.
7. Fonctionnalité développée par Apple qui permet d'échanger du contenu avec un autre produit de la marque situé à proximité par le biais du Finder ou du Centre de contrôle.
11. Logiciel de lecture et de gestion de bibliothèque multimédia numérique distribué gratuitement par Apple.
12. Ordinateur personnel lancé par Apple en 1984, connu pour son interface graphique innovante.
15. Surnom donné aux discours d'ouverture de Steve Jobs, au nom de la société Apple, lors de divers événements.

Vertical

2. Société de cinéma d'animation achetée par Steve Jobs en 1986, connue pour ses films tels que *Monstres et Cie* ou *Le Monde de Nemo.*
3. Magasin physique de la marque Apple.
5. Lors de celles-ci, Steve Jobs annonçait et expliquait les nouvelles innovations.
8. Téléphone portable révolutionnaire lancé par Apple en 2007, connu pour son écran tactile et ses nombreuses fonctionnalités.
9. Premier film d'animation réalisé après le rachat du fameux studio, par Steve Jobs, mettant en scène des jouets.
10. Dispositif qui permet de suivre vos objets à la trace grâce à l'application Localiser.
13. Société cofondée par Steve Jobs en 1976, connue pour ses produits high-tech.
14. Société d'informatique cofondée par Steve Jobs après son départ d'Apple en 1985.

Feuille de match 1998

Placez sur le terrain, au bon poste, les noms des joueurs ayant joué lors de la finale de la Coupe du monde de football le 12 juillet 1998, au Stade de France.

1. Aldair
2. Bebeto
3. Cafu
4. César Sampaio
5. Cláudio Taffarel
6. Dunga
7. Júnior Baiano
8. Leonardo
9. Rivaldo
10. Roberto Carlos
11. Ronaldo

a. Bixente Lizarazu
b. Christian Karembeu
c. Didier Deschamps
d. Emmanuel Petit
e. Fabien Barthez
f. Frank Lebœuf
g. Lilian Thuram
h. Marcel Desailly
i. Stéphane Guivarc'h
j. Youri Djorkaeff
k. Zinédine Zidane

Labyrinthe sportif

Laurent Fignon était l'un des cyclistes français les plus célèbres de l'Hexagone. Il a notamment remporté deux Tours de France en 1983 et 1984, le Giro en 1989, la Flèche wallonne en 1986 et Milan-San Remo en 1988 et 1989.

Aidez-le à revivre l'une de ses grandes victoires en trouvant le chemin vers la ligne d'arrivée.

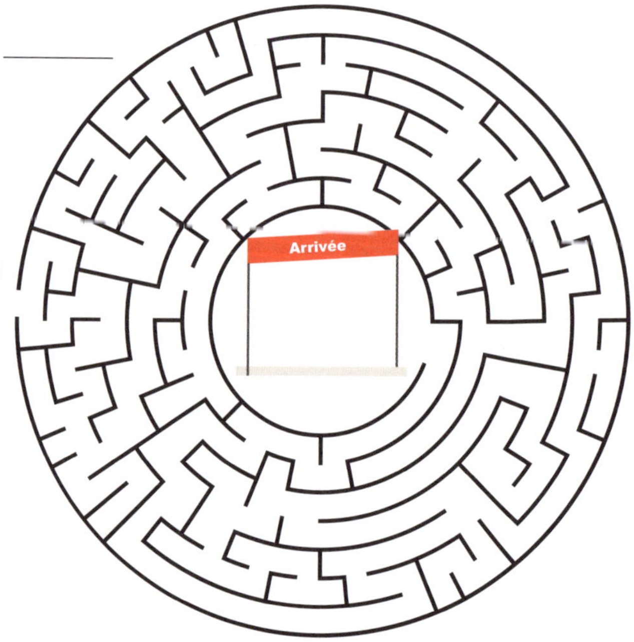

Replacez dans l'ordre sur cette frise chronologique ces événements qui ont marqué l'histoire du sport.

1. Dernier combat de Mohamed Ali
2. Dernier titre WRC pour Sébastien Loeb
3. Zinédine Zidane remporte le Ballon d'or
4. Dernier Tour de France pour Raymond Poulidor
5. Main de Dieu pour Diego Maradona
6. Premier trophée pour le XV de France au Tournoi des Cinq Nations
7. Premier Roland-Garros pour Rafael Nadal

1954	1976	1981	1986	1998	2005	2012

SUDOKU

		1	9	5				
5	9		6	8	1			
3								2
			8		6			
		2				1		
2			5			4	9	
9			3		8		6	
	8		4					5

Michael Schumacher est un pilote emblématique de Formule 1. Il a remporté sept titres de champion du monde. Complétez ce sudoku pour découvrir l'année de son premier titre de champion du monde.

Le monde des VOLCANS

Mots MÊLÉS

Retrouvez dans cette grille les noms de 16 volcans présents sur notre planète.

I	S	F	W	T	O	A	N	T	E	N	F	U	J	I
L	F	S	A	I	N	T	H	E	L	E	N	S	Q	X
O	C	E	W	L	S	Q	G	D	V	P	A	Z	I	Z
B	H	P	O	P	O	C	A	T	E	P	E	T	L	E
M	A	O	A	P	U	A	S	V	Q	W	G	F	S	E
O	I	R	M	I	F	U	K	K	F	Ç	G	I	S	V
R	T	A	I	C	R	Q	Z	I	T	N	A	P	J	U
T	E	J	J	O	I	X	N	A	L	N	U	A	T	S
S	N	N	A	D	E	K	M	V	R	A	G	O	W	E
U	T	A	R	O	R	W	A	U	A	I	U	L	H	V
L	E	M	U	F	E	F	O	S	W	Ç	U	E	M	I
X	E	I	K	O	H	F	W	S	N	Ç	X	Ç	A	X
Y	L	L	A	G	I	E	R	E	I	R	F	U	O	S
Y	E	I	S	O	L	O	L	F	G	A	H	I	Z	P
U	P	K	K	B	L	L	T	H	E	Q	K	R	X	U

1. **Chaitén :** Situé près du golfe de Corcovado, au sud du Chili, ce volcan est actif depuis 7 400 avant J.-C.
2. **Etna :** Volcan italien le plus actif d'Europe, avec une centaine d'éruptions au XXe siècle. Il est actif depuis environ 500 000 ans.
3. **Fournaise :** Le Piton de la Fournaise, volcan réunionnais, est actif depuis plus de 500 000 ans.
4. **Fuji :** Le mont Fuji se trouve sur l'île de Honshu, au Japon. Sa dernière grande éruption remonte à 1707. Il est classé comme actif mais avec un risque faible.
5. **Irazú :** Ce volcan se trouvant au Costa Rica a vécu sa dernière éruption en 1963.
6. **Kilauea :** C'est un volcan situé à Hawaï, un des plus actifs au monde avec plus de 50 éruptions au siècle dernier. Sa première éruption répertoriée remonte à 1790.
7. **Kilimanjaro :** C'est le point culminant de l'Afrique, en Tanzanie. C'est un stratovolcan âgé de plusieurs millions d'années.
8. **Pelée :** En Martinique, la montagne Pelée est tristement célèbre pour avoir rayé de la carte la ville de Saint-Pierre et tué ses 30 000 habitants en 1902.
9. **Pico do Fogo :** C'est un stratovolcan situé sur l'île de Fogo, au Cap-Vert, qui est actif depuis une vingtaine de millions d'années.
10. **Popocatepetl :** C'est un volcan à nouveau actif depuis 2005, et le deuxième plus haut sommet du Mexique.
11. **Saint Helens :** Le mont Saint Helens est un stratovolcan actif qui se trouve dans l'État de Washington, aux États-Unis. Il est réputé pour son éruption incroyable en 1980.
12. **Sakurajima :** C'est un volcan situé sur l'île de Kyushu, au Japon. Il s'est formé il y a plus de 20 000 ans.
13. **Soufrière :** Située à Saint-Claude, en Guadeloupe. C'est le seul volcan à être actif dans cette zone depuis 10 000 ans.
14. **Soufrière Hill :** Ce stratovolcan actif des Caraïbes, en sommeil jusqu'en 1995, n'a cessé de faire éruption depuis.
15. **Stromboli :** Île volcanique de Sicile, dont la dernière éruption date d'octobre 2022.
16. **Vésuve :** Situé près de Naples, en Italie, il est connu pour son éruption mythique qui a détruit Pompéi en l'an 79 de notre ère.

Placez sur cette carte les numéros correspondants aux noms de certains volcans de la page précédente.

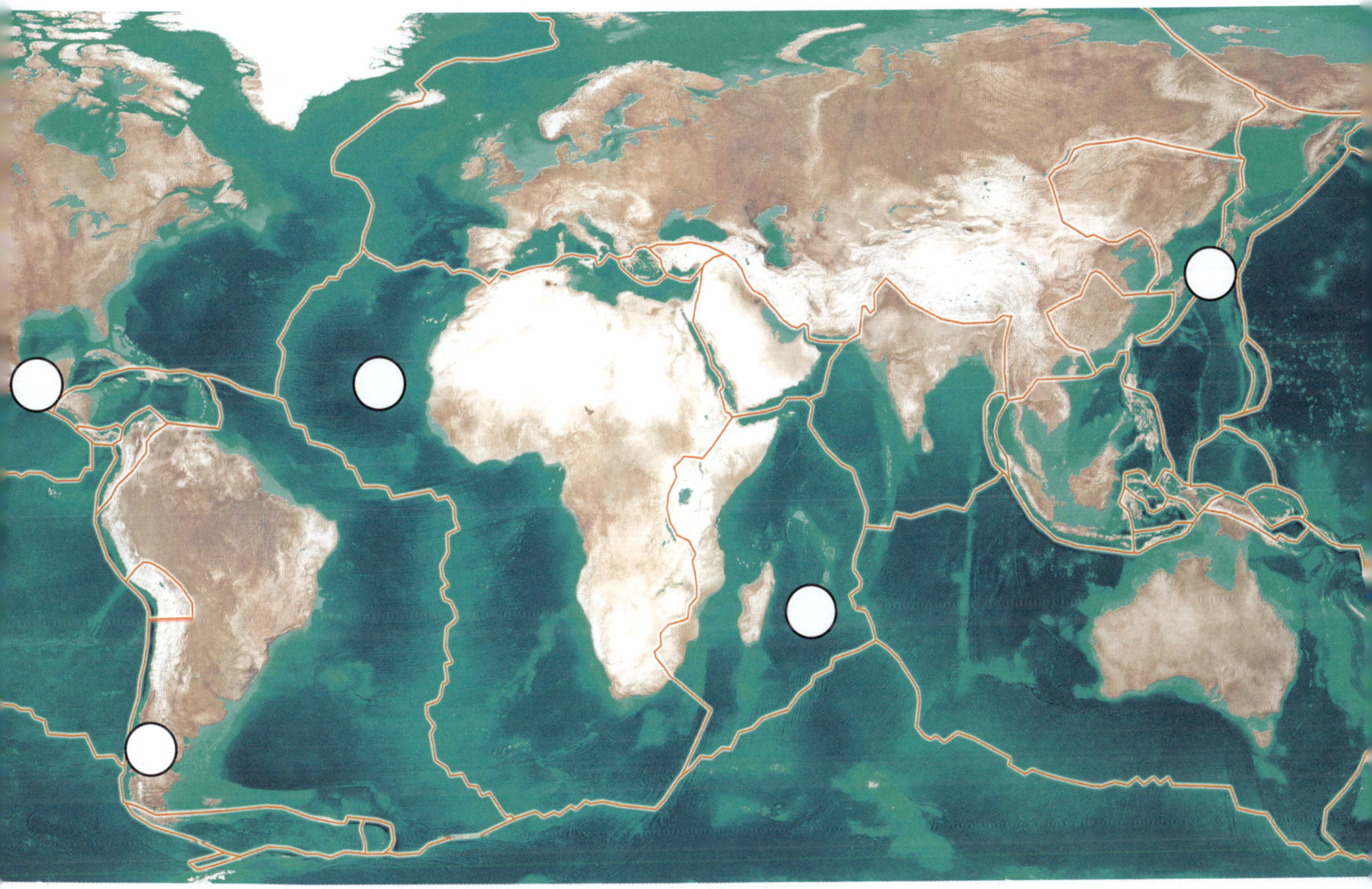

La bonne **ORTHOGRAPHE**

Sans activité depuis 187 ans, ce volcan islandais s'est réveillé le 20 mars 2010. Cette éruption, qui a connu plusieurs étapes, a pris fin six mois plus tard, en octobre. Jusqu'au 20 avril, soit cinq jours après le début de la deuxième éruption, le trafic aérien s'en est retrouvé fortement perturbé. On mentionnait 63 000 vols annulés et 6,8 millions de voyageurs bloqués dans 313 aéroports.

Sélectionnez la bonne orthographe du volcan islandais que le monde entier a découvert à cette occasion.

1. Eyjafjöl	2. Eyjafjöll	3. Eijafjöll	4. Eyjhafjöll

ANAGRAMMES **À DÉCODER**

Retrouvez les personnalités cachées derrière ces anagrammes.

1. LENDEN SALOMAN

(1918-2013)

Qui est-il ? ____________

Cette personnalité a fondé le premier cabinet d'avocats noirs en Afrique du Sud, puis, en mars 1944, créé la Ligue de la jeunesse de l'ANC (Congrès national africain). Après plusieurs années de lutte contre l'apartheid, il est condamné en 1964 à la prison à vie pour sabotage, trahison et complot. Durant toute sa captivité, il refuse d'être libéré.
Il sort de prison le 11 février 1990 après 27 ans et demi d'incarcération. Le gouvernement sud-africain légalise le Parti communiste et l'ANC, dont il devient le président en 1991. En 1993, il reçoit le prix Nobel de la paix. En 1994, il est investi président de l'Afrique du Sud.
Il crée en 1999 sa fondation et se consacre à la lutte contre le sida après la mort de son fils en 2005.
Premier président noir d'Afrique du Sud, il meurt le 5 décembre 2013, à 95 ans. Sa mort provoque de nombreuses réactions à travers le monde.

2. KIM ARTHUR LINTGEN

(1929-1968)

Qui est-il ? ____________

En 1954, il devient pasteur baptiste. En 1955, il prend la tête du mouvement de soutien à Rosa Parks, arrêtée par la police pour avoir refusé de céder sa place à un passager blanc dans un bus, et lance un appel au boycott de la compagnie de bus de la ville.
L'impact de cette victoire l'amène à fonder le SCLC (Conférence du leadership chrétien du Sud) avec d'autres personnalités noires et à en devenir le président. Partisan de la non-violence, il décide d'étendre la lutte pour les droits civiques des Noirs à l'ensemble des États-Unis.
Il effectue en 1959 un voyage en Inde pour approfondir sa connaissance du Satyagraha, les principes de Gandhi, qu'il admirait.
En 1963, il est à la tête de grandes campagnes pour les droits civiques, militant pour le droit de vote des Noirs, la fin de la ségrégation et un meilleur accès à l' éducation. Il prononce un célèbre discours le 28 août 1963, « I have a dream », devant 250 000 personnes.
En 1964, il reçoit le prix Nobel de la paix. Trois ans plus tard, il se déclare contre la guerre au Vietnam, estimant que les États-Unis « occupent le pays comme une colonie américaine ». Il s'engage dans la lutte contre la pauvreté et organise la « marche des pauvres ».
Il meurt assassiné par un ségrégationniste blanc le 4 avril 1968, à Memphis, alors qu'il soutenait une grève d'éboueurs.

3. HAMAG MANTID

(1869-1948)

Qui est-il ? ____________

Cet humaniste est né en Inde, dans une famille relativement aisée. Élevé dans les valeurs hindouistes, il apprend à connaître les autres religions. Suivant les coutumes de sa caste, il se marie à l'âge de 14 ans avec Kasturbai, qui restera son épouse jusqu'à ce qu'elle décède, en 1944.
Attiré par le style de vie occidental, il part en 1888 à Londres pour faire ses études de droit. Après trois années en Angleterre, il exerce en Inde le métier d'avocat.
En 1893, il est employé comme conseiller juridique pour une société indienne en Afrique du Sud. Il y découvre comment les Noirs et les Indiens sont victimes de l'intolérance et du racisme. Il entreprend alors un combat de résistance non violente et de non-coopération face aux autorités d'Afrique du Sud.
Il développe en 1909 ses théories du combat par la non-violence et la désobéissance civile de masse, le Satyagraha, dans un ouvrage intitulé *Hind Swaraj*. Après la Première Guerre mondiale, il est rejoint par des millions d'Indiens et s'oppose aux Britanniques en organisant la résistance civique. Devenu célèbre, il est surnommé « mahatma » (la grande âme en sanskrit). Il lance une campagne visant à obtenir l'indépendance économique de l'Inde pour lutter contre l'appauvrissement de la population et la destruction de l'industrie locale, conséquences de la politique coloniale britannique. Il est arrêté pour subversion en 1922 par le gouvernement britannique et libéré en 1924. En 1930, après une nouvelle campagne de désobéissance civile, il est emprisonné, puis libéré en 1931.
À la tête du parti du Congrès, il œuvre pour l'indépendance totale de l'Inde. Pendant la Seconde Guerre mondiale, il refuse de soutenir les Britanniques sans la contrepartie d'indépendance immédiate, et lance un appel pour que ceux-ci quittent l'Inde. Il s'ensuit la plus radicale révolte pour l'indépendance et de terribles répressions. Il est arrêté en 1942, puis libéré pour raison de santé. Il est assassiné six ans plus tard.

QUIZ ROSA PARKS, MILITANTE DES DROITS CIVIQUES

Rosa Parks est née le 4 février 1913 en Alabama. Afro-américaine, elle est devenue une figure emblématique de la lutte pour les droits civiques et a lutté contre la ségrégation raciale aux États-Unis.

1. Alors qu'elle a été arrêtée pour avoir refusé de céder sa place à un passager blanc dans un autobus, quel est le montant de l'amende qu'elle a reçue et pour laquelle elle a fait appel ?

a. 20 $
b. 15 $
c. 50 $

2. Qui a joué son rôle, en 2002, dans le téléfilm *The Rosa Parks Story* auquel elle a collaboré ?

a. Viola Davis
b. Cicely Tyson
c. Angela Bassett

3. Quel président lui a remis la médaille présidentielle de la Liberté en 1995 ?

a. George H. W. Bush
b. Bill Clinton
c. George W. Bush

4. Quel chanteur français a nommé une de ses chansons en son honneur ?

a. Pascal Obispo
b. Soprano
c. Ben l'Oncle Soul

DISCOURS **À TROUS**

En vous aidant de la liste de mots, complétez cet extrait du discours historique de Martin Luther King Jr. « I have a dream », qu'il a prononcé le 28 août 1963 devant le Lincoln Memorial, après avoir conduit la marche sur Washington pour l'emploi et la liberté.

« Je rêve qu'un jour sur les collines rousses de Géorgie, les fils d'anciens 1.____________ et ceux d'anciens propriétaires d'esclaves pourront s'asseoir ensemble à la table de la fraternité.
Je rêve qu'un jour, même l'État du Mississippi, un État où brûlent les 2.____________ de l'injustice et de l'oppression, sera transformé en une oasis de liberté et de justice.
Je rêve que mes quatre 3.____________ vivront un jour dans une nation où ils ne seront pas jugés sur la couleur de leur peau, mais sur la valeur de leur caractère. Je fais aujourd'hui un rêve !
Je rêve qu'un jour, même en 4.____________, avec ses abominables racistes, avec son gouverneur à la bouche pleine des mots « opposition » et « annulation » des lois fédérales, que là même en Alabama, un jour les petits garçons noirs et les petites filles blanches pourront se donner la 5.____________, comme frères et sœurs. Je fais 6.____________ un rêve ! »

Petits-enfants
Esclaves
Main
Feux
Aujourd'hui
Alabama

À QUI DOIT-ON CES **MONUMENTS** ?

De nombreux dirigeants à travers l'histoire ont cherché à laisser leur marque en faisant construire des monuments, que ce soit pour honorer des personnalités historiques, célébrer des événements importants ou symboliser leur propre héritage. Associez chaque monument parisien ci-dessous au président de la République qui en est à l'origine.

Beaubourg

a. ....

La pyramide du Louvre

b. ....

L'Arche de la Défense

c. ....

Le musée du Quai Branly

d. ....

Le Stade de France

e. ....

L'Institut du monde arabe

f. ....

Le jeu des **OMBRES**

Souvent attribuée à Talleyrand, la phrase « Derrière chaque grand homme se trouve une femme » illustre bien le rôle des Premières dames. Reconnaîtrez-vous les épouses des présidents français qui se cachent derrière chacune de ces silhouettes ?

1.

....

2.

....

3.

....

Le **SAVIEZ-VOUS ?**

Les Premières dames

Le terme « Première dame » remonterait à la monarchie, et désignerait la première femme dans l'ordre protocolaire. C'est au XIXe siècle que cette expression a commencé à désigner l'épouse d'un président et qu'elle est devenue courante par la suite.

Depuis, les Premières dames ont joué un rôle important dans la vie publique française, en participant à des activités caritatives, culturelles et sociales, et en servant d'ambassadrices du pays lors de voyages à l'étranger.

Leur rôle a évolué au fil des ans. Auparavant discrètes et à l'arrière-plan, tandis que leurs maris exerçaient le pouvoir, elles ont joué un rôle plus actif dès 1970, grâce à l'influence de Claude Pompidou, qui a utilisé son statut pour promouvoir la préservation du patrimoine français.

PÊLE-MÊLE

L'après-guerre fut une période de renouveau culturel. Les artistes et les écrivains ont cherché à repousser les limites de leur art. Leurs œuvres ont souvent été marquées par une certaine intensité émotionnelle et une grande profondeur psychologique, reflétant la complexité de la vie et de l'expérience humaine dans un monde en mutation.

A

D

Dans ce pêle-mêle, retrouvez quelques-uns des plus grands artistes français ou vivant en France de cette période. Écrivez son nom puis indiquez le chiffre de l'une de ses œuvres dans la liste jointe ci-dessous.

C

F

H

A ☐

....

B ☐

....

C ☐

....

D ☐

....

E ☐

....

F ☐

....

G ☐

....

H ☐

....

1. *Mort à crédit*, 1936
2. *Des bleus à l'âme*, 1972
3. *La Mariée*, 1950
4. *La Femme qui pleure*, 1937
5. *Le Temps des secrets*, 1960
6. *Chéri*, 1920
7. *Lettres à ma mère*, 1956
8. *Peinture 162 x 130 cm, 14 avril 1962*, 1962

QUIZ THOMAS PESQUET, LA LÉGENDE

Thomas Pesquet est le dixième Français à avoir voyagé dans l'espace. Il a passé six mois à bord de la Station spatiale internationale, où il a mené des expériences scientifiques et participé à des sorties extravéhiculaires. En plus de ses activités, il a partagé de nombreux moments de sa mission sur les réseaux sociaux, permettant au public de suivre ses aventures dans l'espace.

1. En quelle année Thomas Pesquet a-t-il effectué son premier voyage dans l'espace ?

a. En 2008
b. En 2010
c. En 2016

2. Dans quelles capsules a-t-il voyagé ?

a. *Mercury* et *Delta*
b. *Gemini* et *Soyouz 2*
c. *Soyouz* et *Crew Dragon*

3. Quel était le nom de sa première mission ?

a. *Proxima*
b. *Alpha*
c. *Rosetta*

4. Lequel de ces métiers n'a-t-il jamais exercé ?

a. Pilote de ligne
b. Médecin, docteur en neurosciences
c. Ingénieur aéronautique

5. Durant la mission *Alpha*, combien de jours a-t-il passés dans l'espace ?

a. 100 jours
b. 157 jours
c. 199 jours

6. Sur quel être vivant a-t-il mené des expériences à bord de l'ISS en 2021 ?

a. Le blob
b. L'axolotl
c. L'ambystome

7. Quelle distinction officielle a-t-il reçue en juillet 2019 ?

a. Un César
b. La Légion d'honneur
c. La médaille de l'Aéronautique

8. De quel instrument a-t-il joué à bord de l'ISS ?

a. De la trompette
b. Du trombone
c. Du saxophone

9. Dans quel film est-il apparu ?

a. *L'Astronaute* (2022)
b. *Proxima* (2019)
c. *Ad Astra* (2019)

10. Depuis quel module prenait-il ses photos de la Terre ?

a. La Cupola
b. Zarya
c. Visio2000

Les métiers **À RELIER**

Astronaute, spationaute, taïkonaute... On s'y perd un peu ! Saurez-vous retrouver à quel territoire correspond chacune de ces appellations ?

a. Cosmonaute ○ | ○ 1. 

b. Astronaute ○ | ○ 2. 

c. Spationaute ○ | ○ 3. 

d. Taïkonaute ○ | ○ 4. 

e. Vyomanaute ○ | ○ 5. 

Le **LABYRINTHE**

En 1957, Laïka, première chienne à avoir été envoyée dans l'espace, est devenue un symbole de l'avancée scientifique de l'URSS. Elle fut mise en orbite et rentra dans l'histoire en permettant de collecter des données précieuses pour les futurs vols spatiaux habités.

Aidez-la à trouver le bon chemin jusqu'à sa navette pour pouvoir réaliser cet exploit !

La roue des **SCANDALES**

L'histoire politique américaine est riche en scandales.
À l'aide des indices ci-dessous, retrouvez quel président se cache derrière ces affaires.

1. _ _ L _   _ _ _ N _ _ N

Né en 1946, il est devenu le 42e président des États-Unis en 1993. En 1998, tous les tabloïds américains ont relaté l'histoire extraconjugale entre ce président et une stagiaire de la Maison Banche.

2. R _ _ _ _ R _   _ _ X _ _

En 1972, le scandale du Watergate a été révélé. Cette affaire d'espionnage et d'écoutes a eu raison de ce président américain, qui a dû démissionner et quitter la Maison Blanche.

3. _ _ N _ _ D   R E _ _ _ _

Investi président des États-Unis en 1981, il a fait face à une enquête du FBI lors du scandale Iran-Contra. Cette affaire impliquait des ventes secrètes d'armes aux Iraniens qui, en échange, libéraient des Américains détenus par le Hezbollah sur le sol libanais.

4. J _ H _   _   _ E _ _ _ _ Y

En 1962, ce président américain a été soupçonné d'avoir une liaison avec une actrice célèbre. Cette actrice lui a chanté *Happy Birthday Mr. President* lors de son 45e anniversaire.

Trouvez **L'INTRUS**

Saurez-vous retrouver lequel de ces présidents est un intrus ?

1.

2.

3.

Tragi' **KENNEDY**

Les Kennedy sont souvent associés à diverses tragédies. Depuis les années 1940, plusieurs membres de cette famille ont connu des morts tragiques. Associez, à l'aide des indices, le Kennedy à la tragédie qui lui correspond.

a. John F. Kennedy Jr.

b. John F. Kennedy

c. Joseph Patrick Kennedy Jr.

d. Gideon Kennedy McKean

e. David Anthony Kennedy

f. Robert Francis Kennedy

1. Assassinat + Dallas

....

2. Canoë + Ballon

....

3. Explosion + Avion

....

4. Overdose + Héroïne

....

5. Avion + Atlantique

....

6. Assassinat + Jordanien

....

Les couples À RELIER

Associez chaque personnalité à son portrait puis reliez chaque couple d'acteurs mythiques.

1

A

Sophie Marceau ○ .... — ○ Tahar Rahim ....

2

B

Romy Schneider ○ .... — ○ Niels Schneider ....

3

C

Marion Cotillard ○ .... — ○ Alain Delon ....

4

D

Leïla Bekhti ○ .... — ○ Gérard Depardieu ....

5

E

Virginie Efira ○ .... — ○ Christophe Lambert ....

Carole Bouquet ○ .... — ○ Guillaume Canet ....

6

F

TROUVEZ L'INTRUS

Créé en 1946 en réponse à la domination hollywoodienne sur l'industrie cinématographique mondiale de l'époque, le festival de Cannes est devenu l'un des festivals de cinéma les plus prestigieux au monde. Les Français y ont toujours été particulièrement présents, tant du côté des réalisateurs que des acteurs.
Saurez-vous trouver l'intrus parmi ces films et personnes récompensés ?

Prix d'interprétation masculine :

a. 1969 - Jean-Louis Trintignant pour le rôle du juge d'instruction dans *Z*, de Costa-Gavras.

b. 1986 - Michel Blanc pour le rôle d'Antoine dans *Tenue de soirée*, de Bertrand Blier.

Grand prix :

c. 1986 - *Trop belle pour toi*, de Bertrand Blier.

d. 2010 - *Les Petits Mouchoirs*, de Guillaume Canet.

Prix d'interprétation féminine :

e. 2001 - Isabelle Huppert pour le rôle d'Erika Kohut dans *La Pianiste*, de Michael Haneke.

f. 2009 - Charlotte Gainsbourg pour le rôle de la femme dans *Antichrist*, de Lars von Trier.

Palme d'or :

g. 1987 - *Sous le soleil de Satan*, de Maurice Pialat.

h. 2013 - *La Vie d'Adèle*, d'Abdellatif Kechiche.

MOTS **CROISÉS**

À l'aide des descriptions ci-contre, retrouvez les noms des chanteurs et chanteuses inoubliables qui nous ont accompagnés ces dernières décennies.

QUI suis-je ?

1. Avec 40 ans de carrière, 200 millions d'albums vendus, je suis un groupe rock irlandais fondé dans les années 1970 devenu un groupe majeur sur la scène mondiale. Mes rockeurs défendent aussi la cause des droits de l'Homme, ce qui aura valu à mon leader d'être nommé pour le prix Nobel de la paix.

Qui suis-je ? ____________________

2. Si j'étais une décennie, je serais les années 1980,
Si j'étais une salle de spectacle, je serais le Stade de France.
Si j'étais un astre, je serais la Lune.
Si j'étais une parodie, je serais un sketch des Inconnus.
Si j'étais un look, je serais androgyne.

Qui suis-je ? ____________________

Horizontal

1. Chanteur belge au succès international, il a chanté avec Orelsan et Coldplay avant de dévoiler son titre « L'Enfer », une chanson sur le suicide, en direct au journal de 20 heures de TF1.
2. Auteur-compositeur-interprète, il a remporté une Victoire de la musique pour son premier album *Rose Kennedy* et son album *Grand Prix*, 19 ans plus tard.
3. Chanteur et acteur britannique, il a créé plusieurs alter ego tels que Major Tom, Ziggy Stardust, Halloween Jack et Thin White Duke.
4. Elle a chanté *Papa Don't Preach*, *Like a Prayer* et *Oh Father*. Son nom même est influencé par le catholicisme.
5. Chanteur franco-arménien, il a accompagné au piano Édith Piaf pendant huit ans. Elle le surnommait « le génie con ».
6. Surnommée « Queen B », elle est devenue la deuxième artiste la plus récompensée pendant sa carrière, après Michael Jackson. Avec son mari, sous le nom de The Carters, ils ont tourné le clip de leur titre *Apeshit* au musée du Louvre.

Vertical

7. Chanteuse, elle a fait son retour sur scène après six ans d'absence lors de la mi-temps du Super Bowl en 2023, en interprétant ses plus grands titres. Elle a dévoilé sa deuxième grossesse lors de cet événement.
8. Un des ses clips musicaux, réalisé par Laurent Boutonnat et dont l'action se situe pendant la guerre de Sept Ans, dure 18 minutes.
9. Chanteur yéyé, il a un fils également chanteur. Il a formé Les Vieilles Canailles avec Eddy Mitchell et Johnny Hallyday.
10. En 1966, deux membres de Led Zeppelin ont participé à l'enregistrement de sa première chanson, *La Poupée qui fait non*. Il a aussi enregistré ce titre en allemand, en espagnol et en italien.
11. Actrice et chanteuse, elle a remporté deux Oscars : celui de la meilleure actrice pour son rôle dans *Funny Girl*, en 1969, et celui de la meilleure chanson originale, en 1976, pour son titre dans *Une étoile est née*.
12. Elle a représenté la Suisse lors de l'Eurovision de la chanson en 1988 avant de connaître un succès international fulgurant.
13. Son nom d'artiste est inspiré d'un livre de Raymond Queneau. En parallèle de son succès personnel, elle a écrit une chanson avec laquelle Johnny Hallyday a mis le feu en ouverture de son concert au Stade de France en septembre 1998.
14. Auteur-compositeur-interprète français, il a interrompu sa carrière solo en 2004. Il a écrit de nombreuses chansons pour Céline Dion et Johnny Hallyday.

3. Si j'étais une émission, je serais un télé-crochet.
Si j'étais un instrument, je serais un ukulélé.
Si j'étais une femme, je serais une lolita.
Si j'étais un écrivain, je serais Jean d'Ormesson.
Si j'étais une récompense, je serais une Victoire de la musique.

Qui suis-je ? ______________________

4. Né en 1951 en Angleterre, je suis un auteur-compositeur-interprète et musicien de renom. J'ai connu autant de succès en tant que chanteur d'un célèbre groupe pop rock des années 1970 qu'en solo, depuis 1985. L'un des tubes de mon groupe a été repris dans un film musical avec Nicole Kidman.

Qui suis-je ? ______________________

CHRONOLOGIE

Toujours au plus près de l'actualité, les unes de *Paris Match* témoignent des événements marquants de notre histoire mondiale.

1

2

3

4

5

6

7

8

9

A	B	C	D	E	F	G	H	I
29 avril 1961	18 mai 1968	21 novembre 1970	3 novembre 1978	17 juin 1983	10 novembre 1994	11 septembre 1997	22 juin 2000	20 septembre 2001
☐	☐	☐	☐	☐	☐	☐	☐	☐

Associez chaque couverture à sa date de parution.

10

11

12

13

14

15

16

17

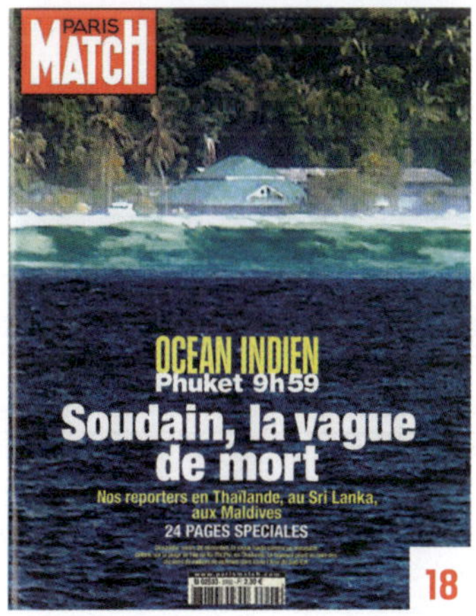

18

J	K	L	M	N	O	P	Q	R
16 mai 2002	30 décembre 2004	22 janvier 2009	3 mai 2011	12 juin 2019	22-29 mai 2018	18 juillet 2018	18 avril 2019	24 mars 2022
☐	☐	☐	☐	☐	☐	☐	☐	☐

LES SOLUTIONS

P.1

1. *La Mort aux trousses*
2. *Les Oiseaux*
3. *Sueurs froides*
4. *Fenêtre sur cour*

Bas de page

La Main au collet (La - Main - Eau - K' - Eau - Lait)

P.2

Vera Miles (VE-RA MIL-ES)
Janet Leigh (JAN-ET LEI-GH)
Ingrid Bergman (ING-RID BERG-MAN)
Grace Kelly (GRA-CE KEL-LY)
Tippi Hedren (TIP-PI HED-REN)
La muse de Dolce & Gabbana : Sophia Lauren (SOPH-IA LOR-EN)

P.4

P.5

1e. Hello / anglais
2l. Hola / espagnol
3m. Hallo / allemand
4g. Ni hao / mandarin
5a. Privyet / russe
6h. Aloha / hawaïen
7k. Konnichiwa / japonais
8f. Namaste / hindi
9j. Marhaba / arabe
10i. Zdravo / serbe, croate
11d. Yassou / grec
12b. Hej / suédois, danois
13c. Sawatdee / thaï

P.8

Horizontal

1. (Virginie) Ledoyen
2. (Juliette) Binoche
3. (Audrey) Tautou
4. (Nathalie) Baye
5. (Fanny) Ardant
6. (Karin) Viard
7. (Sandrine) Kiberlain
8. (Valérie) Lemercier

Vertical

9. (Isabelle) Huppert
10. (Sabine) Azéma
11. (Isabelle) Adjani
12. (Sylvie) Testud
13. (Sandrine) Bonnaire
14. (Jeanne) Moreau
15. (Catherine) Deneuve

P.9

Buffet froid (1979)
Préparez vos mouchoirs (1978)
Tous les matins du monde (1991)
Mon père, ce héros (1991)
Tenue de soirée (1986)
L'Homme au masque de fer (1998)
Les Valseuses (1974)
Le Dernier Métro (1980)
Astérix aux Jeux olympiques (2008)
Paris, je t'aime (2006)

Le film dans lequel Gérard Depardieu n'a pas joué est *Les Lyonnais*, réalisé par Olivier Marchal en 2011. Le rôle principal y est tenu par Gérard Lanvin.

1. **Faux.** C'est *Le Cri du cormoran le soir au-dessus des jonques* de Michel Audiard, sorti en 1971.
2. **Faux.** Il était nommé, mais c'est pour *Cyrano de Bergerac*, en 1991, qu'il remporta le César.
3. **Vrai.** Le président Jacques Chirac lui a remis à l'Élysée les insignes de la Légion d'honneur, en 1996.
4. **Faux.** Il en a eu quatre : Guillaume (1971-2008) et Julie, née en 1973, avec Élisabeth Guignot ; Roxane, avec Karine Silla et Jean, né le 14 juillet 2006, avec Hélène Bizot.
5. **Faux.** Il parlait de Nicolas Sarkozy, lors de la campagne présidentielle de 2007, à qui il avait apporté publiquement son soutien.
6. **Vrai.** Elle était son amie et il a fait cet album en déclarant : « Je le fais parce que je tiens à ce qu'elle soit vivante, elle est vivante en moi. Pour moi, il n'y a pas de morts, tous ceux qui sont passés par l'autre porte sont avec moi constamment ».

P.10

R	H	H	T	H	Q	S	G	Q	G	Z	C	F	F	P
V	O	W	I	U	D	G	R	S	Q	W	O	T	V	V
Ç	G	D	D	Q	X	W	A	T	R	M	L	S	T	Y
L	J	L	A	K	T	S	F	A	E	S	B	G	N	U
N	I	J	A	R	Y	V	F	S	T	T	M	U	R	U
K	A	B	M	S	I	Y	I	I	R	R	F	E	Ç	N
F	T	B	E	N	N	M	T	F	O	E	R	R	I	I
M	R	C	A	R	D	O	I	J	U	E	S	R	V	T
I	X	A	C	R	T	S	S	T	V	T	S	E	W	E
R	B	P	Q	C	T	E	Y	T	A	A	Y	H	S	L
E	D	I	O	R	F	W	I	C	I	R	J	X	D	O
X	B	T	H	K	L	Z	T	E	L	T	N	V	F	B
Q	Y	A	X	B	A	R	B	E	L	E	S	X	X	M
C	Q	L	N	N	K	Ç	G	P	E	Ç	B	R	F	Y
S	P	E	Y	X	X	N	V	S	S	H	I	G	Q	S

P.11

« Le chat noir boit du lait à minuit dans la rue principale. »

Une des manières d'écrire des messages codés était d'indiquer les lieux et horaires de rendez-vous de manière imagée et anodine.

Bas de page

La pièce qui ne figure pas dans ce cliché est la pièce : c.

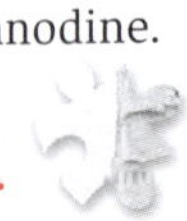

12

a. Audrey Hepburn a accordé son premier rendez-vous au magazine *Paris Match* en 1951, pour la couverture du numéro 130.

a. Elizabeth Taylor a commencé sa carrière très jeune, à l'âge de dix ans. Elle a fait ses débuts à l'écran en 1942 dans le film *There's One Born Every Minute* et a continué à jouer dans de nombreux films tout au long de sa carrière, devenant l'une des actrices les plus célèbres et respectées de son temps.

c. Audrey Hepburn a interprété la célèbre chanson d'Édith Piaf « La Vie en rose » dans le film *Sabrina* sorti en 1954. Sa performance a contribué à populariser la chanson au delà des frontières françaises et en est devenue l'une des versions les plus célèbres.

a. Elizabeth Taylor a remporté deux Oscars tout au long de sa carrière d'actrice. Elle a remporté son premier en 1961 pour son rôle de Gloria Wandrous dans *La Vénus au vison*. Son deuxième Oscar date de 1967 pour son rôle de Martha dans *Qui a peur de Virginia Woolf ?*

a. Il s'agit d'une robe noire créée par le couturier français Hubert de Givenchy. La robe est souvent associée à la scène d'ouverture du film, dans laquelle Audrey Hepburn est debout devant la vitrine de Tiffany & Co., mangeant un croissant tout en portant un collier de perles, des gants noirs et des lunettes de soleil oversize. Cette tenue emblématique est devenue un classique de la mode et a inspiré nombre d'imitations et d'hommages par la suite.

c. Elizabeth Taylor été mariée huit fois avec sept hommes différents. Richard Burton l'a épousée deux fois. Ils se sont mariés pour la première fois en 1964, après avoir joué ensemble dans le film *Cléopâtre*, et leur mariage a pris fin en 1974. Ils se sont ensuite remariés en 1975, mais ce deuxième mariage a également fini par un divorce l'année suivante.

c. C'est Lady Gaga qui a rendu hommage à Audrey Hepburn lors de la cérémonie des Oscars en 2019. Elle est apparue sur le tapis rouge dans une robe noire Alexander McQueen, avec de longs gants noirs et un collier de diamants imposant, rappelant la célèbre robe noire en satin portée par Audrey Hepburn dans *Diamants sur canapé*. Lady Gaga portait également une coiffure inspirée d'Audrey Hepburn, avec un chignon élégant.

b. Le film, sorti en 1960, est une adaptation du roman éponyme de John O'Hara et raconte l'histoire d'une call-girl nommée Gloria Wandrous (jouée par Elizabeth Taylor), qui tombe amoureuse d'un homme marié et cherche à sortir de son milieu. C'est une performance mémorable de la part de Taylor, qui a été acclamée pour son interprétation de ce personnage complexe et vulnérable.

a. Le rôle de Holly Golightly dans *Diamants sur canapé (Breakfast at Tiffany's)* a été initialement proposé à Marilyn Monroe, qui était l'une des actrices les plus en vue à l'époque. Elle a refusé le rôle qui a ensuite été proposé à Audrey Hepburn. Cette dernière l'a accepté et a réalisé l'une des performances les plus mémorables de sa carrière.

b. Elizabeth Taylor était engagée dans la lutte contre le sida, une maladie qui a touché de nombreux membres de la communauté artistique à laquelle elle appartenait. Elle a commencé à s'impliquer dans les années 1980, à une époque où la maladie était encore largement mal comprise et stigmatisée. Elle a cofondé l'« American Foundation for AIDS Research » (amfAR) en 1985, une organisation qui a joué un rôle majeur dans la recherche sur le sida et dans la lutte contre la discrimination à l'encontre des personnes atteintes de cette maladie.

3

gauche

droit

devoir

À droite

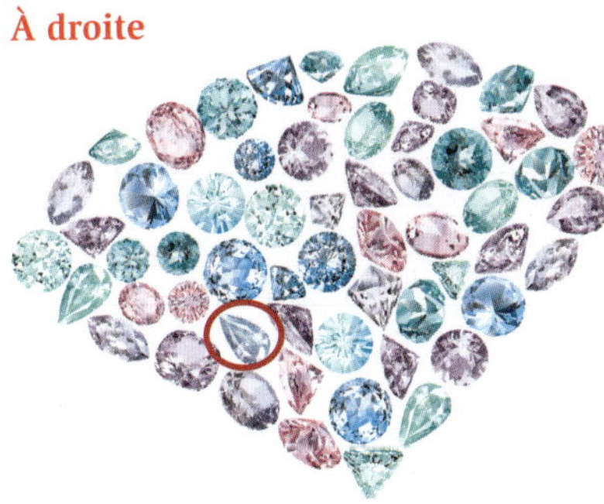

La valeur estimée du Taylor-Burton est d'environ 70 millions de dollars.

Le diamant brut, trouvé en 1966 dans la mine Premier, en Afrique du Sud, pesait 241 carats. Il a été taillé en forme de poire par Harry Winston et ne pèse plus que 69,42 carats.

P.13

À droite, bas de page

5	6	3	7	9	8	1	2	4
7	1	8	2	6	4	9	3	5
9	4	2	5	3	1	7	6	8
8	5	9	4	7	3	2	1	6
3	2	6	1	5	9	4	8	7
1	7	4	6	8	2	3	5	9
4	8	7	3	2	5	6	9	1
6	3	5	9	1	7	8	4	2
2	9	1	8	4	6	5	7	3

1	9	6	3

P.14

1. bêtises
2. irresponsable
3. résultats
4. grandeur
5. problème
6. nécessaire
7. président
8. république

P.15

P.16

T	F	M	T	C	H	O	U	C	R	O	U	T	E	G
I	C	X	T	D	E	T	C	P	W	G	D	D	Ç	S
T	Y	B	L	O	N	D	E	M	R	N	A	Y	E	Z
E	E	O	B	Z	P	D	G	U	J	C	J	X	E	S
Ç	D	D	E	C	B	O	O	P	V	O	S	P	Y	E
T	N	F	T	H	D	B	H	P	T	Y	O	A	T	Y
H	E	Y	U	A	S	P	S	T	M	R	S	A	E	Q
X	G	C	R	N	R	K	D	B	T	M	M	L	Y	Ç
E	E	D	I	S	G	T	O	T	A	E	R	H	E	S
Z	L	A	N	O	B	L	N	D	N	A	C	B	R	W
K	G	F	K	N	Z	I	R	I	H	I	O	V	B	D
G	B	U	O	Y	A	A	C	M	V	R	U	T	I	M
Q	S	Q	X	S	G	X	Ç	B	Ç	O	P	R	L	E
J	Z	A	Y	U	T	A	N	I	M	A	U	X	B	H
Z	U	I	E	N	D	G	E	S	N	A	D	C	Ç	Z

P.17

1b. Brigitte Bardot est depuis longtemps une militante passionnée de la cause animale. Elle a travaillé dans de nombreuses campagnes pour améliorer le bien-être des animaux. La première cause dans laquelle elle s'est investie était la lutte contre la chasse aux blanchons, ces très jeunes phoques du Groenland.

2c. Brigitte Bardot et Serge Gainsbourg sont rencontrés pour la première fois en 1959, sur le tournage de *Voulez-vous danser avec moi ?*. Au départ, intimidés tous deux, ils n'ont pas osé s'adresser la parole mais très vite, ils ont entamé une idylle qui a duré trois mois.

3a. Le premier mari de Brigitte Bardot fut Roger Vadim, un réalisateur français. Ils se sont mariés en 1952, alors qu'elle n'avait que 18 ans, et ont divorcé en 1957. Roger Vadim a dirigé Brigitte Bardot dans plusieurs films, dont *Et Dieu... créa la femme*, qui a contribué à faire d'elle une icône du cinéma français.

4d. Le premier film de Brigitte Bardot fut *Le Trou normand*, un film français réalisé par Jean Boyer, en 1952. Bardot, qui avait alors 17 ans, y jouait un petit rôle.

P.18

1. Clou de girofle (CLOU - 2 - GÎT - ROT - FLE)
2. Cumin (Q - MAIN)
3. Paprika (PAS - PRIX - K)
4. Cannelle (CANNE - AILE)

P.19

Horizontal
1. confiture
2. baguette
3. quiche
4. escargots
5. bouillabaisse
6. truffe
7. vin

Vertical
8. fromage
9. croissant
10. cassoulet
11. macaron
12. crêpe
13. soufflé
14. ratatouille

P.20

1. Diana Spencer (Lady Di) / **2.** Michelle Obama / **3.** Malala Yousafzai / **4.** Gisèle Halimi / **5.** Angelina Jolie

P.21

La fausse réponse est la **4** car c'est en 1975 que cette loi fondamentale a été adoptée.

Bas de page
Simone de Beauvoir

P.22

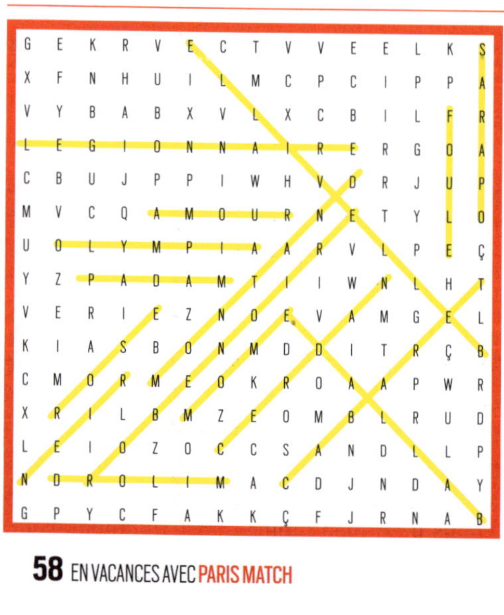

P.23

1956 **c.** *Bambino* / 1960 **e.** *Itsi bitsi petit bikini* / 1968 **b.** *Le Temp des fleurs* / 1973 **f.** *Paroles... Paroles...* / 1979 **a.** *Laissez-moi danse* / 1983 **d.** *Mourir sur scène*

Bas de page

1. bras / **2.** embrasses / **3.** yeux / **4.** soleil / **5.** enfant / **6.** serrent / **7.** différente / **8.** encore

P.24

1b. Le premier discours d'Elizabeth II a été diffusé le 14 octobre 1940 à la BBC. Elle avait 14 ans.

2a. La coquetterie de la reine allait jusqu'au détail de ses ourlets.

3b. Lors de sa visite en France, la reine a été accueillie par Georges Pompidou en mai 1972. À cette occasion, un déjeuner a été servi le 15 mai dans la galerie des Glaces du château de Versailles.

4b. La reine ne possédait pas de permis de conduire. Tout documen officiel étant émis au Royaume-Uni en son nom (« au nom de Sa Majesté »), il aurait été étrange qu'elle se présente avec ce justificatif à son effigie et à ses armes. Elle ne possédait pas non plus de passeport régulier.

5a. Elle a exercé le poste de conductrice militaire et officié dans l'Auxiliary Territorial Service, la branche féminine de la British Army, pour son service de conduite. Elle a également travaillé comme conductrice pour la Croix-Rouge britannique.

6c. Au fil des années, la souveraine a adopté une trentaine de chiens, qui sont devenus les mascottes de la monarchie.

7b. La séquence a été saluée par le public comme un moment de divertissement unique et mémorable, typique de l'humour britannique, et comme un hommage à la reine pour son rôle dans la promotion des Jeux olympiques de Londres.

8c. Il est né le 10 juin 1921 à Corfou, en Grèce, en tant que prince Philip de Grèce et de Danemark. En 1947, il a renoncé à ses titres de noblesse grecs et danois et est devenu sujet britannique pour pouvoir se marier avec la princesse Elizabeth.

P.25

a. Palais de Buckingham, à Londres
b. Château de Windsor, près de Londres
c. Château de Balmoral, en Écosse
d. Château de Hillsborough, en Irlande du Nord
e. Palais de Holyrood, en Écosse
f. Sandringham House, dans le Norfolk

Bas de page
Le cygne. Propriétaire de tous les cygnes de la Tamise, Sa Majesté était la seule à avoir le droit d'en manger. Cette tradition perdure depuis le Moyen Âge. L'animal a longtemps représenté un mets de choix pour les banquets royaux, où seul le souverain avait le droit d'en consommer. Mais Elizabeth II affirmait ne pas y toucher.

P.26

Martin Fourcade
Tony Estanguet
Teddy Riner
Perrine Laffont
Estelle Mossely
Thierry Omeyer
Laure Manaudou
Sébastien Chabal

Le sportif mystère est Sébastien Chabal car le rugby à XV n'est pas une discipline olympique. Il a disparu de la liste en 1924.

P.27

26. Athlétisme
40. Aviron
9. Badminton
8. Basket-ball
29. Basket-ball 3 × 3
28. BMX freestyle
36. BMX racing
17. Boxe
46. Breaking
41. Canoë course en ligne
10. Canoë-kayak slalom
33. Cyclisme sur piste
32. Cyclisme sur route
30. Équitation (concours complet)
42. Équitation (dressage)
11. Équitation (saut d'obstacles)
27. Escalade
39. Escrime
24. Football

4. Golf
. Gymnastique artistique
3. Gymnastique rythmique
7. Gymnastique (trampoline)
. Haltérophilie
2. Handball
8. Hockey
. Judo
21. Lutte
5. Mountain bike (VTT)
25. Natation
13. Natation artistique
43. Natation marathon
14. Pentathlon moderne
45. Plongeon
2. Rugby à sept
31. Skateboarding
4. Surf
19. Taekwondo
16. Tennis
7. Tennis de table
38. Tir
20. Tir à l'arc
44. Triathlon
15. Voile
35. Volley-ball
22. Volley-ball de plage
37. Water-polo

.28

9	2	1	4	8	5	6	7	3
8	6	3	7	1	2	9	5	4
5	7	4	3	6	9	2	1	8
4	5	8	9	2	3	7	6	1
6	9	2	1	4	7	3	8	5
1	3	7	8	5	6	4	2	9
2	8	9	5	7	4	1	3	6
3	1	6	2	9	8	5	4	7
7	4	5	6	3	1	8	9	2

1	9	5	3

Bas de page : C'est la brebis qui n'a ni oreilles ni yeux.

P.29

1963 - 15. CASSETTE AUDIO
La cassette audio est un objet d'enregistrement et de lecture audio introduit par Philips. Les cassettes audio ont révolutionné la façon d'écouter de la musique, offrant une alternative portable et abordable aux disques vinyles. Même si la cassette audio a été progressivement remplacée par des formats numériques, elle reste un élément emblématique de l'histoire de la musique et de la culture populaire.

1er juillet 1979 au Japon - 4. WALKMAN
Le Walkman est un lecteur de cassettes audio portable produit par Sony. Son lancement a été un énorme succès, avec des millions d'unités vendues dès les années qui ont suivi sa sortie. Le Walkman a marqué le début de l'ère de la technologie portable qui a conduit au développement d'autres appareils portables populaires comme les iPods et les smartphones.

22 mai 1980 au Japon - 11. PAC MAN
Pac-Man est un jeu vidéo créé par le développeur japonais Namco. Le jeu est rapidement devenu un phénomène mondial, avec un lancement réussi dans les salles d'arcade du Japon et des États-Unis. En peu de temps, le personnage jaune, rond, mangeur de points et poursuivi par des fantômes colorés, est devenu l'un des symboles les plus emblématiques de la culture pop.

4 juin 1982 : commercialisation en France - 5. MINITEL
Lancé en France en 1982 par les PTT, le Minitel était un terminal informatique qui permettait d'accéder à des services en ligne comme la consultation de l'annuaire téléphonique, la réservation de billets de train ou la messagerie électronique. Il était équipé d'un clavier et d'un écran monochrome, et se connectait à l'aide d'une ligne téléphonique. Bien que remplacé peu à peu par Internet, le Minitel reste une icône de l'histoire de l'informatique grand public en France.

6 mars 1983 - 12. TÉLÉPHONE MOBILE
Le premier téléphone mobile a été lancé par Motorola et était connu sous le nom de DynaTac 8000 : il pesait aux alentours d'un kilogramme et coûtait environ 4 000 dollars à l'époque. Le lancement du premier téléphone mobile a marqué le début d'une révolution dans la communication sans fil, offrant aux gens la liberté de parler n'importe où, n'importe quand. Bien qu'il ait été initialement considéré comme un symbole de richesse, le téléphone mobile est devenu de plus en plus abordable et accessible au fil des ans, transformant radicalement la façon dont les gens communiquent, travaillent et vivent quotidiennement.

14 juillet 1983 - 2. MARIO BROS
Ce jeu a été développé par Nintendo. Il met en scène les aventures du personnage de Mario dans un univers fantaisiste rempli de champignons, de tuyaux et de créatures étranges. Il faut savoir que le personnage est d'abord apparu sous le nom de « Jumpman » dans le jeu *Donkey Kong*, où il devait sauver sa petite amie Pauline en traversant une série de niveaux remplis d'obstacles et d'ennemis.

1984 - 8. TETRIS
Tetris est un jeu vidéo créé par le programmeur russe Alekseï Pajitnov. Le jeu, qui consiste à empiler des blocs de différentes formes pour former des lignes complètes, a connu un succès phénoménal et est devenu l'un des jeux les plus vendus de tous les temps.

2 mars 1987 - 3. MACINTOSH SE (SYSTEM EXPANSION)
Le SE était doté d'un écran monochrome de 9 pouces et pouvait accueillir deux lecteurs de disquette de 800 ko. Le Macintosh SE était apprécié pour sa taille compacte, son design élégant et sa facilité d'utilisation. Il a connu un grand succès commercial auprès des utilisateurs professionnels et du grand public, contribuant à la popularité de la gamme Macintosh d'Apple.

21 avril 1989 au Japon - 9. GAME BOY
La Game Boy originale est une console portable en monochrome avec un écran vert emblématique. Avec une autonomie remarquable pour l'époque, elle offrait aux joueurs une expérience de jeu portable sans précédent. Neuf ans plus tard, Nintendo a ajouté de la couleur et un processeur deux fois plus rapide avec la Game Boy Color, offrant ainsi aux joueurs la possibilité de continuer à jouer à leurs jeux préférés dans des graphismes plus vibrants et plus vivants.

21 novembre 1990 au Japon - 16. SUPER NINTENDO
La Super Nintendo a marqué un grand pas en avant dans l'évolution des consoles de jeu vidéo de salon. Elle offrait des graphismes et des sons plus avancés que ses prédécesseurs, ainsi qu'une large gamme de jeux innovants, qui ont marqué leur temps et ont contribué à la popularité durable de cette console.

15 mars 1994 - 14. YAHOO
Lancé en 1994, Yahoo était l'un des premiers moteurs de recherche populaires sur le web. À l'origine, Yahoo était un annuaire web permettant aux utilisateurs de naviguer facilement sur Internet en sélectionnant des catégories thématiques. Peu à peu supplanté par d'autres géants de l'Internet comme Google, Yahoo continue d'exister sous forme de portail web, mais il est bien moins utilisé qu'auparavant.

24 août 1995 - 10. MSN

MSN Messenger était un logiciel de messagerie instantanée développé par Microsoft. Il a révolutionné la façon dont les gens communiquaient en ligne, offrant un moyen rapide et facile de discuter avec des amis et des proches en temps réel. Bien que MSN Messenger ait été remplacé par d'autres services de messagerie, son impact sur la culture Internet reste important.

4 septembre 1998 - 1. GOOGLE

Lancé par Larry Page et Sergey Brin, Google est le moteur de recherche le plus utilisé au monde. Devenu une entreprise technologique incontournable, Google emploie aujourd'hui des dizaines de milliers de personnes à travers le monde.

4 février 2004 - 14. FACEBOOK

Facebook a été créé par Mark Zuckerberg alors qu'il était à Harvard. Au départ, le site était réservé aux étudiants de l'université, mais il s'est rapidement étendu à d'autres universités puis au grand public, devenant le plus grand réseau social au monde. Son lancement a été marqué par un succès rapide et une croissance exponentielle, atteignant un million d'utilisateurs en un an.

21 mars 2006 - 13. TWITTER

Twitter est un réseau social en ligne qui permet aux utilisateurs de publier de courts messages appelés « tweets ». Son lancement a marqué une nouvelle ère dans la communication en ligne, offrant aux utilisateurs une plateforme simple mais puissante pour partager des idées et des informations avec un public mondial. Depuis sa création, Twitter est devenu un élément incontournable de la culture en ligne, influençant la politique, les affaires et les médias, et créant une nouvelle façon pour les gens de s'engager dans le monde numérique.

2007 - 7. IPHONE 2G

Le premier iPhone a marqué un tournant dans l'histoire des téléphones mobiles et a contribué à faire d'Apple une entreprise emblématique de l'ère numérique. Doté d'un écran tactile de 3,5 pouces, d'un accès à Internet, d'un lecteur multimédia et d'un appareil photo, l'iPhone 2G a introduit la première version du système d'exploitation iOS et offrait une interface utilisateur fluide et intuitive. Depuis sa sortie, l'iPhone est devenu une référence dans l'industrie des smartphones, avec une évolution constante de ses fonctionnalités et de ses performances.

P.30

A5. *La chanson des jumelles - Les Demoiselles de Rochefort*
B9. *Good Morning - Chantons sous la pluie*
C10. *Diamonds Are A Girl's Best Friends - Les hommes préfèrent les blondes*
D6. *Lady Marmalade - Moulin Rouge*
E8. *Belle - Notre-Dame de Paris*
F7. *Dancing Queen - Mamma Mia !*
G3. *America - West Side Story*
H4. *You're The One That I Want - Grease*
I2. *Willkommen - Cabaret*
J1. *Another Day of Sun - La La Land*

P.31

1b. Serge Gainsbourg souhaitait devenir artiste peintre : « J'ai commencé à peindre à 13 ans, et ce jusqu'à mes 30 ans. Je faisais de la penture figurative, puis du cubisme et enfin du surréalisme. »

2c. Il s'agit de Michel Delpech. Ce titre est tiré de son cinquième album studio.

3a. La chanteuse n'avait que 18 ans lorsqu'elle a rapporté la victoire au Luxembourg !

4b. Il s'agit de *Comme d'habitude* de Claude François.

5a. Auteur-compositeur-interprète et musicien, Daniel Balavoine était connu pour ses textes engagés et ses prises de position publiques.

6c. Peu de temps après sa séparation avec Michel Berger, Véronique Sanson s'est envolée pour les États-Unis, dans le Colorado, aux côtés de son mari, l'artiste Stephen Stills.

7b. Il est né en Belgique, à Schaerbeek, est mort en France et a été enterré aux îles Marquises.

8c. Pascal Obispo a été nommé une vingtaine de fois à cette cérémonie mais il n'a jamais reçu la Victoire de l'artiste interprète masculin.

9a. Marc Lavoine a longtemps hésité entre cinéma et chanson. À 16 ans, il voulait être acteur. Il a fait ses débuts comme comédien dans *Pause café*, aux côtés de Véronique Jannot.

10b. Il s'agit de *Hair*. Julien Clerc a d'abord refusé d'intégrer la troupe puis a fini par accepter après avoir assisté à une représentation à Londres.

P.32

1. Yves Saint Laurent et son compagnon Pierre Bergé avaient emménagé dans ce duplex de 600 m^2 en 1970. C'est là qu'ils avaient réuni une extraordinaire collection de chefs-d'œuvre.
2. C'est une œuvre du peintre cubiste Fernand Léger.
3. Natacha porte une robe de 1979, inspirée par Pablo Picasso, qu'Yves Saint Laurent considérait comme un « génie à l'état pur ».
4. Il s'agit du mouvement *pop art*. Pour sa collection automne-hiver 1966, le styliste avait introduit l'art moderne dans la mode avec la série Mondrian.
5. C'est Francisco de Goya qui a réalisé cette œuvre en 1791, maintenant exposée au musée du Louvre.
6. Elle est inspirée de l'œuvre *Les Oiseaux*, créée par le peintre et sculpteur Georges Braque en 1953.

Bas de page

Paco Rabanne. Ce grand couturier et parfumeur franco-espagnol nous a quittés le 3 février 2023 à Portsall, dans le nord-ouest du Finistère, au bord de la mer d'Iroise.

P.33

1. B Coco Chanel
2. E Yves Saint Laurent
3. F Thierry Mugler
4. G Jean-Louis Scherrer
5. D Christian Dior
6. A. Jean-Paul Gaultier (tenue portée par Madonna).
7. C. Paco Rabanne (robe portée par Françoise Hardy).

P.34

a3. Mark Zuckerberg : « Mon objectif n'a jamais été de créer une entreprise. Mais de bâtir quelque chose susceptible de changer le monde. »

b4. Jeff Bezos : « Je savais que la seule chose que je pourrais regretter c'était de ne pas essayer. »

c2. Elon Musk : « L'échec est une option. Si les choses n'échouent pas, vous n'innovez pas assez. »

d1. Bill Gates : « Soyez gentil avec les geeks. L'un d'eux pourrait devenir votre patron. »

e5. Steve Jobs : « Ayez le courage de suivre votre cœur et votre intuition. L'un et l'autre savent ce que vous voulez réellement devenir. Le reste est secondaire. »

Bas de page

1976. 4 / 1977. 1 / 1998. 5 / 2001. 6 / 2007. 2 / 2014. 3

.35

Iorizontal : 1. Apple Watch / 4. iPod / 6. Silicon / 7. AirDrop / 1. iTunes / 12. Macintosh / 15. Stevenote

'ertical : 2. Pixar / 3. Apple Store / 5. Conférence / 8. iPhone / '. Toy Story / 10. AirTag / 13. Apple / 14. NeXT

.36

FRANCE

a. Bixente Lizarazu
b. Christian Karembeu
c. Didier Deschamps
d. Emmanuel Petit
e. Fabien Barthez
f. Frank Lebœuf
g. Lilian Thuram
h. Marcel Desailly
i. Stéphane Guivarc'h
j. Youri Djorkaeff
k. Zinédine Zidane

BRÉSIL

1. Aldair
2. Bebeto
3. Cafu
4. César Sampaio
5. Cláudio Taffarel
6. Dunga
7. Júnior Baiano
8. Leonardo
9. Rivaldo
10. Roberto Carlos
11. Ronaldo

P.36

Bas de page

P.37

1954. 6. Première victoire pour le XV de France au Tournoi des Cinq Nations, qui deviendra plus tard le tournoi des Six Nations.

1976. 4. Dernier Tour de France pour Raymond Poulidor qui terminera sur la dernière marche du podium lors de cette édition.

1981. 1. Dernier combat de Mohamed Ali qui perd aux points face à Trevor Bebrick.

1986. 5. Diego Maradona permet à l'Argentine d'ouvrir le score face à l'Angleterre en quart de finale de la Coupe du Monde.

1998. 3. Zinédine Zidane remporte le Ballon d'or, notamment grâce à son doublé en finale de la Coupe du Monde contre le Brésil, qui permet à la France d'obtenir sa première étoile.

2005. 7. Rafael Nadal remporte son premier Roland-Garros à l'âge de 18 ans, pour sa première participation. Il bat en finale Mariano Puerta en quatre sets.

2012. 2. Sébastien Loeb remporte son dernier trophée WRC, huit ans après avoir remporté le premier. Il en aura gagné neuf de suite.

Bas de page

1	9	9	4

7	2	1	9	5	3	8	4	6
5	9	4	6	8	1	7	2	3
8	3	6	2	7	4	9	5	1
3	5	8	1	4	9	6	7	2
1	7	9	8	2	6	5	3	4
4	6	2	7	3	5	1	8	9
2	1	3	5	6	7	4	9	8
9	4	5	3	1	8	2	6	7
6	8	7	4	9	2	3	1	5

P.38

I	S	F	W	T	O	A	N	T	E	N	F	U	J	I
L	F	S	A	I	N	T	H	E	L	E	N	S	Q	X
O	C	E	W	L	S	Q	G	D	V	P	A	Z	I	Z
B	H	P	O	P	O	C	A	T	E	P	E	T	L	E
M	A	O	A	P	U	A	S	V	Q	W	G	F	S	E
O	I	R	M	I	F	U	K	K	F	Ç	G	I	S	V
R	T	A	I	C	R	Q	Z	I	T	N	A	P	J	U
T	E	J	J	O	I	X	N	A	L	N	U	A	T	S
S	N	N	A	D	E	K	M	V	R	A	G	O	W	E
U	T	A	R	E	R	W	A	U	A	I	U	L	H	V
L	E	M	U	F	E	F	O	S	W	Ç	U	E	M	I
X	E	I	K	O	H	F	W	S	N	Ç	X	Ç	A	X
Y	L	L	A	G	I	E	R	E	I	R	F	U	O	S
Y	C	I	S	O	L	O	L	F	G	A	H	I	Z	P
U	P	K	K	B	L	L	T	H	E	Q	K	R	X	U

P.39

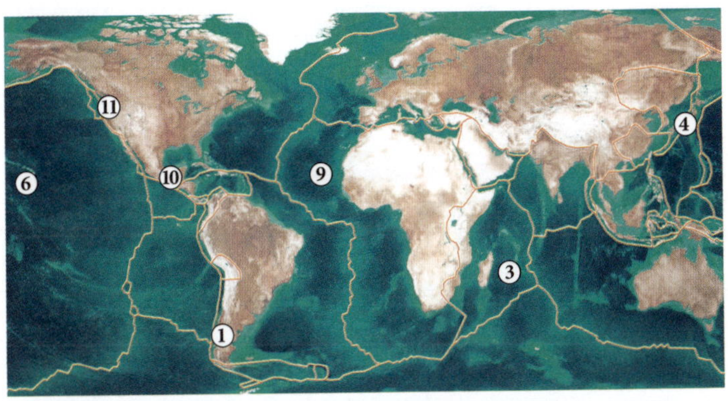

1. Chaitén
3. Piton de la Fournaise
4. Fuji
6. Kilauea
9. Pico do Fogo
10. Popocatepetl

Bas de page

2. Eyjafjöll

P.40

1. Nelson Mandela
2. Martin Luther King
3. Mahatma Gandhi

P.41

1b. 15 $

2c. Angela Bassett. Cicely Tyson jouait Leona Edwards McCauley, la mère de Rosa Parks, dans ce même téléfilm. Quant à Viola Davis, elle a joué plusieurs femmes engagées comme Aibileen Clark dans *La Couleur des sentiments*.

3b. Bill Clinton. C'était le président américain au pouvoir en 1995.

4a. Pascal Obispo lui a dédié la chanson « Rosa » dans son album *Les Fleurs du mal*. Soprano parle d'elle dans le titre « Hiro » de l'album *La Colombe*. Ben l'Oncle Soul salue sa ferveur dans son titre « Soulman ».

Bas de page
1. esclaves / **2.** feux / **3.** petits-enfants / **4.** Alabama / **5.** main / **6.** aujourd'hui

P.42

a. Georges Pompidou
b. François Mitterrand
c. François Mitterrand
d. Jacques Chirac
e. Jacques Chirac
f. Valéry Giscard d'Estaing

P.43

1. Brigitte Macron
2. Bernadette Chirac
3. Carla Bruni

P.44-45

A3. Marc Chagall (1887-1985), peintre incontournable du xxe siècle, a vécu presque 100 ans et a traversé les époques sans s'attarder sur un style particulier, voguant entre figuratif, surréalisme et d'autres courants. Sur cette photo, il se tient devant un tableau, un pinceau dans la main, les yeux regardant le plafond de la coupole du palais Garnier à Paris. Son œuvre *La Mariée*, peinte en 1950, se trouve actuellement dans une collection privée au Japon.

B4. Pablo Picasso (1881-1973) était un peintre espagnol ayant vécu en France. Considéré comme le créateur du cubisme, il a produit plus de 50 000 œuvres. Il est ici dans sa villa « La Californie » à Cannes, assis dans son atelier, une cigarette à la main, avec son chien dalmatien Perro. *La Femme qui pleure*, peint en 1937, représente le portrait de Dora Maar, sa maîtresse du moment. L'œuvre est conservée à la Tate Modern de Londres.

C6. Colette (1873-1954) est l'une des plus célèbres romancières françaises. Elle a été élue présidente de l'académie Goncourt en 1945. Ici, Colette est de profil, écrivant son manuscrit, assise dans son lit, dans son appartement parisien. Le roman *Chéri*, publié en 1920, a connu de nombreuses rééditions et a été adapté au théâtre en 1921 puis au cinéma en 1950.

D5. Marcel Pagnol (1895-1974) était un écrivain et cinéaste français. Célèbre pour ses pièces de théâtre, ses films et ses romans, il est élu à l'Académie française en 1946. Il était souvent accompagné de son fils Frédéric sur les tournages. Sur cette photo, ils posent au Vieux-Port de Marseille. Son fils a alors neuf ans. *Le Temps des secrets*, publié en 1960, est le troisième tome des *Souvenirs d'enfance*, précédé par *La Gloire de mon père* et *Le Château de ma mère*.

E2. Françoise Sagan (1935-2004) publie en 1972 *Des bleus à l'âme*, qui raconte l'histoire d'un frère et d'une sœur s'installant à Paris et souhaitant devenir riches sans travailler. Sagan a écrit de nombreux textes sur la petite bourgeoisie. Sur cette photo, elle a 24 ans et est assise chez elle dans son manoir du Breuil, près de Honfleur : elle a installé son bureau dans la prairie du domaine pour taper sur sa machine à écrire son prochain roman, avec pour confidents son chien Youki et son chat.

F8. Pierre Soulages (1919-2022) était un artiste peintre français abstrait. Il est spécialement connu pour son usage de la couleur noire. Sur cette photo, il apparaît au milieu de ses toiles, dans son atelier, à Paris, le 8 octobre 1992. L'œuvre présentée ici se nomme *Peinture 162 x 130 cm, 14 avril 1962*.

G1. Louis-Ferdinand Céline (1894-1961) est célèbre pour ses romans. Il a été récompensé par le prix Renaudot. Il est aussi connu et controversé en raison de son antisémitisme (visible dans ses écrits de la Seconde Guerre mondiale). Sur la photo, Céline est dans sa maison de Meudon, accompagné de son perroquet Toto qui tient un stylo dans son bec. *Mort à crédit* est une sorte d'autobiographie retraçant l'enfance douloureuse de l'écrivain, publiée en 1936.

H7. Paul Léautaud (1872-1956) était un écrivain autodidacte et solitaire. Il n'aimait pas le faste et vivait pauvrement. Il aimait à dire qu'il ne vivait « que pour écrire ». Sur ce cliché, il est de profil, assis à une table et écrivant à l'aide d'une plume dans sa maison de Fontenay-aux-Roses. *Lettres à ma mère*, publié en 1956, raconte la brève correspondance entre Paul et sa mère. On y découvre que l'homme de lettres aurait aimé rattraper son enfance « orpheline ».

P.46

1c. Il est le dixième Français à être parti dans l'espace en décollant le 17 novembre 2016 depuis le cosmodrome de Baïkonour au Kazakhstan.

2c. La capsule *Crew Dragon* a été développée par la société SpaceX, tandis que la capsule *Soyouz* est russe.

3a. Il a séjourné dans la Station spatiale internationale (ISS) de novembre 2016 à juin 2017, dans le cadre de la mission *Proxima*.

4b. Il a obtenu en 2001 son diplôme d'ingénieur aéronautique et en 2005 sa licence de pilote de ligne. Il a exercé en tant qu'ingénieur au Centre national d'études spatiales et comme pilote pour Air France, puis chez Novespace.

5c. La mission est partie le 23 avril 2021 depuis la base de lancement de Cap Canaveral, en Floride, pour rejoindre la Station spatiale internationale. Le retour vers la Terre s'est fait le 8 novembre 2021, après 199 jours dans l'espace.

6a. Thomas Pesquet a mené des expériences sur le blob, un étrange organisme ne correspondant à aucun animal ou végétal répertorié par l'Homme. Il a une apparence similaire à une éponge géante et sa couleur peut varier, mais il est souvent jaune.

7b. En reconnaissance de ses contributions exceptionnelles à la communauté scientifique et à l'exploration spatiale, ainsi que pour son engagement en faveur de la sensibilisation du public à la recherche spatiale, Thomas Pesquet a reçu la distinction d'officier de la Légion d'honneur.

8c. Thomas Pesquet joue du saxophone et a emporté son instrument à bord de la Station spatiale internationale. Il a même réalisé des clips vidéo avec ses amis musiciens et interprété un titre sur l'album *16 Levers de soleil* de Guillaume Perret.

9b. Thomas Pesquet a joué son propre rôle dans le film *Proxima* (2019) avec Eva Green.

10a. La Cupola fournit une vue panoramique sur l'espace et la Terre, Thomas Pesquet y a pris plusieurs de ses photos du globe.

47

3. Cosmonaute / Russie
5. Astronaute / États-Unis
4. Spationaute / Europe
2. Taïkonaute / Chine
1. Vyomanaute / Inde

Bas de page

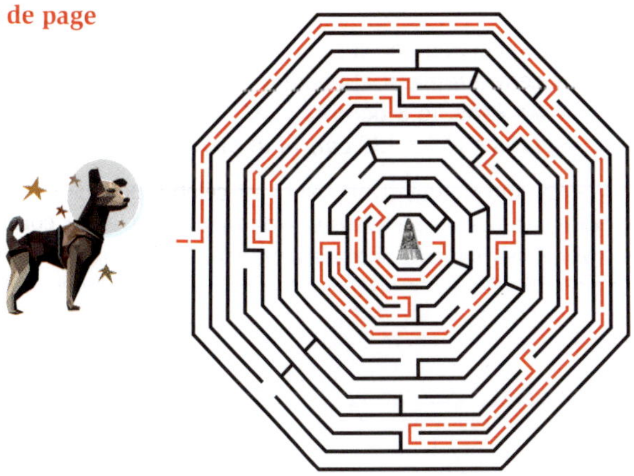

P.48

1. Bill Clinton
2. Richard Nixon
3. Ronald Reagan
4. John F. Kennedy

Bas de page

2. L'intrus parmi ces trois présidents est **George W. Bush**, président des États-Unis du 20 janvier 2001 au 20 janvier 2009. Il est membre du Parti républicain, contrairement aux deux autres, Joe Biden et Barack Obama, qui sont membres du Parti démocrate.

P.49

1b. John Fitzgerald Kennedy est assassiné le 22 novembre 1963, lors d'une visite préélectorale à Dallas. Des coups de feu éclatent lors du passage du cortège présidentiel au milieu de la foule, tuant Kennedy.

2d. Le 2 avril 2020, dans le Maryland, Gideon, 8 ans, et sa mère, partent en canoë pour récupérer un ballon tombé à l'eau. Ils ne reviendront jamais. Leurs corps sont retrouvés quelques jours plus tard.

3c. Joseph Patrick Kennedy Jr. meurt à 29 ans dans l'explosion de son avion, en Angleterre, en 1944.

4e. David Anthony Kennedy, traumatisé par l'assassinat de son père, qu'il a vu en direct à la télévision, plonge très jeune dans la drogue. À 29 ans, il succombe d'une overdose d'héroïne.

5a. Le soir du 16 juillet 1999, John Fitzgerald Kennedy Jr. se trouve à bord d'un avion léger lorsque le petit appareil s'écrase dans l'océan Atlantique, au large du Massachusetts.

6f. Robert Francis Kennedy Sr. est assassiné le soir de sa victoire à la primaire de Californie, le 5 juin 1968, par un Jordanien aux motivations incertaines.

P.50

1. Sophie Marceau et **A.** Christophe Lambert
2. Romy Schneider et **D.** Alain Delon
3. Marion Cotillard et **F.** Guillaume Canet
4. Leïla Bekhti et **C.** Tahar Rahim
5. Virginie Efira et **B.** Niels Schneider
6. Carole Bouquet et **E.** Gérard Depardieu

P.51

L'intrus est la réponse **d.**
Le Grand prix du Festival de Cannes de 2010 a été remporté par le film *Des hommes et des dieux* du réalisateur Xavier Beauvois. *Les Petits Mouchoirs* a été présenté hors compétition et n'a jamais gagné de prix à Cannes. Il a cependant connu un vif succès en France.

P.52

Horizontal : 1. Stromae / **2.** (Benjamin) Biolay / **3.** (David) Bowie / **4.** Madonna / **5.** (Charles) Aznavour / **6.** Beyoncé

Vertical : 7. Rihanna / **8.** (Mylène) Farmer / **9.** (Jacques) Dutronc / **10.** (Michel) Polnareff / **11.** (Barbra) Streisand / **12.** (Céline) Dion / **13.** Zazie / **14.** (Jean-Jacques) Goldman

Bas de page

1. U2
2. Indochine
3. Julien Doré
4. Sting

P.54-55

A6. Cuba > parution du 29 avril 1961
B10. Mai 68 > parution du 18 mai 1968
C12. Mort de De Gaulle (9 novembre 1970) > parution du 21 novembre 1970
D11. Intronisation de Jean-Paul II (22 octobre 1978) > parution du 3 novembre 1978
E16. Victoire de Yannick Noah à Roland-Garros (5 juin 1983) > parution du 17 juin 1983
F5. Publication de la première photo de Mazarine, la fille cachée de Mitterrand, par *Paris Match* > parution du 10 novembre 1994
G15. Mort de Lady Di (31 août 1997) > parution du 11 septembre 1997
H2. Concert gratuit de Johnny Haliday (10 juin 2000) > parution du 22 juin 2000
I8. Attentats du 11 septembre 2001 > parution du 20 septembre 2001
J7. Réélection de Jacques Chirac (5 mai 2002) > parution du 16 mai 2002
K18. Séisme et tsunami dans l'océan Indien (26 décembre 2004) : parution du 30 décembre 2004
L14. Investiture de Barack Obama (20 janvier 2009) > parution du 22 janvier 2009
M13. Mariage de Kate et William (29 avril 2011) > parution du 3 mai 2011
O1. Mariage de Harry et Meghan (19 mai 2018) > parution du 22 ou 29 mai 2018
P17. Finale de la Coupe du monde de football 2018 (15 juillet 2018) > parution du 18 juillet 2018
Q4. Incendie de Notre-Dame de Paris (15 avril 2019) > parution du 18 avril 2019
N3. Numéro spécial Anniversaire 70 ans Paris Match > parution du 12 juin 2019
R9. Guerre en Ukraine > parution du 24 mars 2022

CRÉDITS ICONOGRAPHIQUES

© Paris Match

P. 5 François GRAGNON/PARISMATCH/SCOOP ; P. 7 Sébastien MICKE/PARISMATCH/SCOOP ; P. 10 Benoît GYSEMBERGH/PARISMATCH/SCOOP ; P. 11 CONTI-PRESS ; P. 12 (Hepburn) Walter CARONE/PARISMATCH/SCOOP 19510900 - (Taylor) Philippe LE TELLIER/PARISMATCH/SCOOP ; P. 13 Walter CARONE/PARISMATCH/SCOOP ; P. 16 Gérard GERY/PARISMATCH/SCOOP ; P. 17 Jack GAROFALO/PARISMATCH/SCOOP - Patrice HABANS/PARISMATCH/SCOOP ; P. 18 Richard MELLOUL/PARISMATCH/SCOOP ; P. 21 Jean-Claude DEUTSCH/PARISMATCH/SCOOP ; P. 22 R.PICHERIE/PARISMATCH/SCOOP ; P. 23 Jean-Claude DEUTSCH/PARISMATCH/SCOOP ; P. 24 Michel LE TAC/PARISMATCH/SCOOP ; P. 26 B.BACHELET/PARISMATCH/SCOOP ; P. 30 (West Side Story) Jack GAROFALO/PARISMATCH/SCOOP - (Les demoiselles de Rochefort) Philippe LE TELLIER/PARISMATCH/SCOOP ; P. 32 Jean-Claude SAUER/PARISMATCH/SCOOP ; P. 33 (Madonna) Jean-Claude DEUTSCH/Jacques LANGE/PARISMATCH/SCOOP - (Coco Chanel) Patrice HABANS/PARISMATCH/SCOOP - (Hardy) Daniel CAMUS/PARISMATCH/SCOOP - (Dior) Alvaro CANOVAS/PARISMATCH/SCOOP - (Yves Saint Laurent) Benoît GYSEMBERGH/PARISMATCH/SCOOP - (Mugler) Jean-Claude SAUER/PARISMATCH/SCOOP - (Scherrer) Jean-Claude SAUER/PARISMATCH/SCOOP ; P. 38 Eric HADJ/PARISMATCH/SCOOP ; P. 43 Baptiste GIROUDON/PARISMATCH/SCOOP ; P. 44-45 (A - Chagall) Izis BIDERMANAS - (B - Picasso) André SARTRES/PARISMATCH/SCOOP - (C - Colette) IZIS/PARISMATCH/SCOOP - (D - Pagnol) Jean MANGEOT/PARISMATCH/SCOOP - (E - Sagan) Pierre VALS/PARISMATCH/SCOOP - (F - Soulages) Hubert FANTHOMME/PARISMATCH/SCOOP - (G - Celine) François PAGES/PARISMATCH/SCOOP - (H - Leautaud) IZIS/PARISMATCH/SCOOP ; P. 46 Vincent CAPMAN/PARISMATCH/SCOOP ; P. 49 Paul SLADE/PARISMATCH/SCOOP ; P. 50 (Cotillard) Hubert FANTHOMME/PARISMATCH/SCOOP - (Marceau) Jean-Claude DEUTSCH/PARISMATCH/SCOOP - (Schneider) Benjamin AUGER/PARISMATCH/SCOOP - (Delon) Michel MARIZY/PARISMATCH/SCOOP - (Depardieu) Paul SLADE/PARISMATCH/SCOOP ; P. 53 (Sirkis) Kasia WANDYCZ/PARISMATCH/SCOOP - (Biolay et Aznavour) Hubert FANTHOMME/PARISMATCH/SCOOP - (Bono) Hélène PAMBRUN/PARISMATCH/SCOOP ; P. 54 1/ Damir SAGOLJ/REUTERS - 2/ Daniel ANGELI/Frédéric GARCIA/ Max COLIN/GIRY/ANGELI/BESTIMAGE - 3/ Lothar SCHMID - 4/ Pascal ROSTAIN/PARISMATCH/SCOOP 20190415 - 5/ GAMMA 19941018 - 6/ R.VITAL/PARISMATCH/SCOOP 19600700 - 7/ Derek HUDSON 20020500 - 8 / LIAISON/SIPA 20010911 - 9/ EPA/MAXPPP 20220321 ; P. 55 10/ G.MELET/PARISMATCH/SCOOP - 11/ © 19781022 - 12/ Georges MENAGER/Paul SLADE/PARISMATCH/SCOOP 19670723 - 13/ Javier MATEO/EPS/KCS PRESSE 20110429 - 14/ Paul J. RICHARDS/AFP 20090120 - 15/ Patrick DEMARCHELIER/COURTESY OF HARPER'S BAZAAR 19951013 - 16/ SYGMA 19830600 - 17/ Kai PFAFFENBACH/REUTERS 20180715 - 18/ L.HANNACH/SIPA 20041226 ; P. 56 CONTI-PRESS

© Creative Commons / Domaine public

P. 14 P. 14 (Mitterand) Rob Croes for Anefo - (Macron) Arno Mikkor, EU2017EE Estonian Presidency - (Hollande) COP Paris - (De Gaulle) Anonymous (Keystone France) - (Pompidou) Eric Koch for Anefo - (Chirac) Bart Molendijk / Anefo - (Giscard) Hans Peters / Anefo - (Sarkozy) Aleph ; P. 41 USIA / National Archives and Records Administration Records of the U.S. Information Agency Record Group 306

© Shutterstock

P. 4 ; P. 7 ; P. 9 ; P. 11 ; P. 13 ; P. 15 ; P. 17 ; P. 18 ; P. 20 ; P. 23 ; P. 25 ; P. 27 ; P. 28 ; P. 29 ; P. 31 ; P. 34 ; P. 36 ; P. 37 ; P. 38-39 ; P. 42 ; P. 47 ; P. 48 ; P. 49 ; P. 50 ; P. 51 ; P. 57 ; P. 59 ; P. 61 ; P. 63

© NASA

P. 6 ; P. 56

© PARIS 2024

Pictogrammes des disciplines

COUVERTURE

© Paris Match (de gauche à droite et de haut en bas) : Patrice HABANS/PARISMATCH/SCOOP - Vincent CAPMAN/PARISMATCH/SCOOP - Neil ARMSTRONG/NASA/MAXPPP - H.TULLIO/PARISMATCH/SCOOP - Neil MOCKFORD/GC IMAGES - Gérard GERY/PARISMATCH/SCOO - Kennedy, Hank Walker/Time Life Pictures/Getty Images - François BERTHIER/PARISMATCH/SCOOP - Michelle DE ROUVILLE/PARISMATCH/SCOOP - Sébastien MICKE/PARISMATCH/SCOOP - Benoît GYSEMBERGH/PARISMATCH/SCOO - Hubert FANTHOMME/PARISMATCH/SCOOP - Sébastien MICKE/PARISMATCH/SCOO - Philippe LE TELLIER/PARISMATCH/SCOOP.

© Shutterstock : Coupe du Monde 2018 - Image de fond

Conception et Graphisme : Le Cercle digital

Illustration couverture : Jean-Mathias Xavier

Photogravure : Apex Graphic

Achevé d'imprimer en France par Estimprim

N° d'édition : P31577/01